똑 부러지게
내 생각을 전하는 말하기 연습

임정민 글 | 히쩌미 그림

휘둘리지 않고, 자존감을 지키며, 똑똑하게 말하기

서사원 주니어

부모님께

"친구들과 같이 놀고 싶어 하는데 아이가 먼저 다가가질 못해요."
"서운하고 속상한 일이 있어도 겉으로 표현하지를 않아요."
"친구들이 놀리거나 심한 장난을 칠 때 강하게 대처하지 못해요."
"아이가 산만하고 두서 없이 말해요."
"가끔씩 통제가 안 되고 친구들에게 상처 주는 말을 해요."

학부모 대상의 대중 강연과 교육원 수업을 통해 자녀의 말하기와 또래 관계로 고민이 깊은 보호자 분들을 만나 왔습니다. 아이들 사이에서 일어나는 일에 대해 보호자가 일일이 관여할 수도 없고, 중재에 나섰다가 괜히 보호자들끼리 얼굴을 붉혔던 경험이 있어서 난감하고 조심스러운 눈치였어요. 아이는 자랄수록 보호자보다 또래 친구들과의 소통이 늘고, 보호자는 아이를 대신해 학교생활과 친구 관계에서 겪는 어려움을 모두 해결해줄 수 없지요. 결국 아이 스스로 어떤 상황에서도 휘둘리지 않고, 자존감을 지키며, 똑똑하게 말할 수 있어야 합니다. 보호자는 아이 곁에서 '해결사'가 아니라 '조력자'가 되어주셨으면 해요.

그렇다면, 보호자로서 어떻게 아이를 도와줄 수 있을까요?

먼저, 성격에 따라 말하는 방식이 다르다는 것을 알려주세요. 어른과 마찬가지로 아이들도 다양한 성격의 사람들을 만납니다. 수줍음이 많은 친구, 소극적이고 의존적인 친구, 활달하고 유쾌한 친구, 배려심이 많은 친구, 까칠하고 공격적인 친구, 고집이 센 친구 등 자신과 비슷하거나 완전히 다른 성격을 가진 친구들이 있지요. 자신을 포함한 다양한 사람들의 성격을 알고 상호작용하는 방법을 배운다면 슬기롭게 친구 관계를 맺을 수 있고 학교생활이 훨씬 수월해질 거예요.

이 책에서는 실생활에 쉽게 적용할 수 있도록 성격을 '화끈이, 포용이, 침착이, 솔직이, 끄덕이' 다섯 가지 캐릭터로 구분했는데요. 친구 사이에서 발생할 수 있는 구체적인 대화 상황을 제시하고, 각 상황마다 아이가 어떤 캐릭터로 말하고 행동해야 하는지에 대한 해법을 담았습니다. 아이에게 시간이 조금 필요할 수 있어요. 평소 소극적인 태도로 자기의 생각과 감정을 잘 표현하지 않았던 아이라면 짓궂은 장난을 치는 친구에게 단호하게 말하는 것이 쉽지 않겠지요. 지금까지 습관적으로 나오던 내 성격이 아니라, 각 상황에 맞는 성격 캐릭터를 택해 말할 수 있을 때까지 아이를 믿고 지켜봐주세요.

한 가지 분명한 점은 누구에게나 또는 어떤 상황에서든 무조건 친절하고 예쁘게 말하는 것이 능사는 아니라는 거예요. 친구들끼리 서로 의견을 주고받을 때는 자기 생각을 정확하고 조리 있게 전달해야 하고, 누군가 무례한 태도를 보이거나 나를 놀리는 상황에서는 엄격하게 대처할 수 있어야 한다는 얘기지요. 예를 들어 아이가 기분 나쁘게 말하는 친구 때문에 상처 받았다면, 보호자는 "○○에게 가서 예쁘게 얘기해달라고 말해."라고 하기보다는 "그런 말을 들어서 기분이 나쁘다고 솔직하게 얘기해."라고 말해주어야 합니다. 이렇게 우리 아이가 상황에 맞는 성격 캐릭터로 말할 수 있다면 분명 상황에 휘둘리지 않고 똑 부러지는 단단한 아이로 성장할 겁니다. 부디 이 책이 '어린이의 대화법은 다소 이상적인 대답이나 교과서적인 결말로 끝난다'고 생각하는 보호자의 선입견을 깨주는 계기가 되었으면 합니다.

끝으로, 아이가 대화법을 온전히 내 것으로 익힐 때까지 겪게 될 시행착오의 과정 또한 따뜻한 눈길과 격려로 응원해주세요. 아이를 대신해 말하거나 문제를 해결해주지 마시고, 조력자로서 옆에서 힘이 되어주시길 바랍니다.

임정민

어린이 여러분에게

 이 책은 어린이 독자 여러분이 진심으로 행복하길 바라는 마음으로 썼습니다. 마음이 맞는 친구들과 함께하는 학교생활만큼 행복한 일은 없지요? 여러분이 좀 더 슬기롭게 친구 관계를 맺고 즐거운 학교생활을 할 수 있게 도와줄 대화법을 이 책에 담았습니다.

 '이런 상황에서는 뭐라고 말해야 하지?'라고 고민한 순간들이 많았을 거예요. 친구 사이에 불편한 상황이나 갈등이 있을 때 마땅히 대처할 말이 떠오르지 않아서 답답하고 난감했던 기억도 있을 테지요. 이 책에 나오는 '화끈이, 포용이, 침착이, 솔직이, 끄덕이' 다섯 가지 성격 캐릭터를 잘 이해하면 각 상황에 맞는 적절한 말을 할 수 있게 된답니다.

 특히, 핵심 대사를 여러 번 소리 내어 따라 읽으며 연습하세요. 생생한 실제 상황이라고 상상하면서 연습해야 효과가 있어요. 스스로 달라지겠다는 굳은 결심으로 여러 번 연습해야 합니다. 그런 다음 실제로 비슷한 일이 벌어졌을 때 용기를 내어 연습한 대로 말해보는 거예요. 상대가 내 예상과 다른 반응을 보여도 괜찮아요. 말해보는 것 자체가 좋은 경험이고, 그런 경험이 쌓여 더 강한 힘을 만들어 내거든요. 여러분이 몇 번 해 보고 금세 포기하지 않았으면 좋겠습니다.

 어른들에게도 말하기 연습은 쉽지 않아요. 그러니 어릴 때부터 말하기 연습을 시작할수록 자신감과 실력은 더 빠르게 늘 수밖에 없답니다. 똑 부러지게 내 생각과 감정을 전하는 자신의 멋진 모습을 상상하면서 말하기 달인이 되어 보세요! 어린이 독자 여러분 모두 응원할게요!

다섯 가지 성격 캐릭터

모든 성격은 양면성을 가지고 있습니다. 따라서 각 성격이 단점보다는 장점으로 발휘될 수 있도록 해야 합니다. 이 책에서는 학교에서 발생하는 다양한 상황들과 친구 관계에서 일어나는 크고 작은 갈등에 슬기롭게 대처할 수 있는 말하기를 각 캐릭터의 장점을 이용해 연습해보겠습니다.

화끈이

규칙을 중요시하고
소신이 있는 어린이

- ✓ **장점**: 도덕적인 규범과 규칙, 사회 질서를 잘 지킵니다.
- ✓ **단점**: 친구들에게 강압적이거나 독선적인 태도를 보이며, 대놓고 비난하는 말을 합니다.

포용이

배려하고
공감하는 어린이

- ✓ **장점**: 상대방의 감정에 공감하고 배려하며, 힘든 친구에게 도움의 손길을 건넵니다.
- ✓ **단점**: 잔소리를 심하게 하고, 상대가 원하지 않아도 과도하게 친절을 베풉니다.

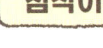

차분하고
사실적인 어린이

- ✓ **장점**: 객관적인 사실을 중심으로 생각하고 말하며, 차분하고 침착하게 행동합니다.
- ✓ **단점**: 인간미가 없으며, 다소 딱딱하고 냉정합니다.

감정에 솔직하고
표현하는 어린이

- ✓ **장점**: 자신의 감정을 잘 드러내며, 호기심이 많고 천진난만합니다.
- ✓ **단점**: 반항하거나 충동적일 때가 있으며, 돌발적인 행동을 벌여 상황을 난처하게 만듭니다.

양보하고
순응하는 어린이

- ✓ **장점**: 남들 앞에서 튀는 것보다 친구들에게 양보하고 겸손한 태도를 보입니다.
- ✓ **단점**: 지나치게 다른 사람의 눈치를 보며 우물쭈물하고, 타인에게 의존적인 태도를 보입니다.

이렇게 읽어요

규칙을 지키지 않는 친구에게

1 먼저 각 상황을 만화로 만나요. 이 상황에서 주인공과 성격 캐릭터가 어떤 표정으로 어떤 말을 했는지 잘 기억해 둬요.

2 나도 비슷한 상황이 있었는지 생각해보고, 이런 상황에서는 어떻게 대처해야 하는지, 어떤 태도와 표정으로 말해야 하는지 알아봐요.

'화끈이'로 단호하게 말하기

이렇게 말해보자!

놀이나 시합을 할 때 이기고 싶은 마음이 강렬하게 들 수 있어. 누군가 실수하거나 우리 모둠이 지고 있으면 속상한 마음도 생길 거야. 그렇다고 경쟁심이 지나쳐서 혼자만 하려고 하는 것은 서로 정한 규칙을 깨는 행동이야. 모두에게 공평하게 기회가 돌아가도록 "규칙은 지켜야 해. 번갈아 가면서 하자!"라고 말하자.

🎤 아래의 내용을 진지한 표정과 단호한 말투로 말해보자. 더 하고 싶은 말이 있으면 덧붙여도 좋아!

3 그림 속 친구가 했던 말을 그대로 따라 읽어봐요. 꼭 기억해야 할 것은, 원래의 내 말투가 아니라 각 성격 캐릭터의 말투로 읽어야 한다는 거예요.

서로 돌아가면서 하는 거잖아.
규칙은 지켜야 해. 번갈아 가면서 하자!
이번에는 내 차례야.

 '규칙'에 대해 생각해볼까?

만약 사람이 무인도에 혼자 산다면 규칙이 필요하지 않을 거야. 하지만 여러 사람이 공동체 생활을 할 때는 규칙이 필요하고, 그 규칙을 서로 잘 지켜야 해. 만약 친구가 규칙을 지키지 않고 시합 내내 공을 독차지한다면 어떤 일이 벌어질지 생각해보자.

규칙(規則)
여러 사람이 다 같이 지키기로 작정한 법칙. 또는 제정된 질서.

예 • 다른 친구들의 불만이 터져 나온다.　• 서로 싸울 수 있다.
　　• 놀이나 시합이 중단된다.

4 각 상황에 연관된 키워드를 가지고 주제에 대해 더 생각해볼 수 있어요.

목차

부모님께　2

어린이 여러분에게　5

다섯 가지 성격 캐릭터　6

이렇게 읽어요　8

들어가기 전에　나의 성격 유형 진단하기　13

　　　　　　　　에고그램 분석지　16

PART 1

'화끈이'로 단호하게 말하기

1　규칙을 지키지 않는 친구에게　20

2　갑자기 새치기를 하는 친구에게　22

3　떠들고 수업을 방해하는 친구에게　24

4　모둠 활동을 성의 없이 하는 친구에게　26

5　빌려 간 물건을 돌려주지 않는 친구에게　28

6　툭툭 건드리면서 말하는 친구에게　30

7　내가 싫어하는 별명을 자꾸 부르는 친구에게　32

8　나쁜 행동을 부추기는 친구에게　34

9　뒤에서 내 험담을 하는 친구에게　36

10　내 비밀을 다른 사람에게 말한 친구에게　38

PART 2

'포용이'로 공감하며 말하기

1. 나를 좋아한다고 고백하는 친구에게 42
2. 혼자 있어서 외로워 보이는 친구에게 44
3. 도움을 주고 싶은 친구에게 46
4. 칭찬해주고 싶은 친구에게 48
5. 몸을 부딪쳐 아파하는 친구에게 50
6. 회장 선거에서 떨어진 친구에게 52
7. 외모 콤플렉스로 고민하는 친구에게 54
8. 감정을 못 이겨 씩씩대는 친구에게 56
9. 실수해서 속상해하는 친구에게 58
10. 나와 다른 취향을 가진 친구에게 60

PART 3

'침착이'로 조리 있게 말하기

1. 하고 싶은 놀이가 각자 다른 친구들에게 64
2. 서로 다른 의견을 상의하는 친구들에게 66
3. 몸이 아픈 친구에게 68
4. 내 경험과 의견을 궁금해하는 친구에게 70
5. 방학에 한 일을 묻는 친구에게 72
6. 나 대신 물건을 사다주는 친구에게 74
7. 어떻게 가는지 길을 묻는 친구에게 76
8. 나를 의심하는 친구에게 78

PART 4
'솔직이'로 감정 표현하며 말하기

1. 외모나 옷차림을 놀리는 친구에게 82
2. 나를 약 올리는 친구에게 84
3. 은근슬쩍 사달라고 조르는 친구에게 86
4. 싫은 부탁을 하는 친구에게 88
5. 하기 싫은 것을 강요하는 친구에게 90
6. 자기 생각만 고집하는 친구에게 92
7. 내 물건을 자꾸 빌려 가는 친구에게 94
8. 갑자기 약속을 취소하는 친구에게 96
9. 사과 받았지만 아직 화해하기 싫은 친구에게 98
10. 대화에 끼고 싶은 친구들에게 100

PART 5
'끄덕이'로 양보하며 말하기

1. 사과를 받아주지 않는 친구에게 104
2. 멀어지는 느낌이 드는 친구에게 106
3. 기분이 안 좋아 보이는 친구에게 108
4. 같이 찍은 사진을 올리지 말라는 친구에게 110
5. 내 부탁을 거절하는 친구에게 112
6. 내 실수에 기분 나빠하는 친구에게 114
7. 말할 때 끼어든다고 정색하는 친구에게 116
8. 내 협조를 구하는 친구에게 118

[부록 1] 낮은 성격 캐릭터 강화법 120
[부록 2] 성격 유형별 하루 한마디 연습 122

> 들어가기 전에

나의 성격 유형 진단하기

　자신을 이해하는 방법 중 하나로 에고그램Egogram이 있습니다. 에고그램은 미국의 정신의학자 에릭 번이 창시한 교류분석 이론에서 자아상태의 기능분석에 속합니다. 미국의 심리학자인 존 M. 듀세이가 이를 발전시켜 사람의 성격을 교류분석 측면에서 그래프로 시각화한 것이지요. 에고그램은 심리적인 지문과 같은 것으로, 사람마다 고유의 프로파일Profile을 갖기 때문에 자신을 이해하는 데 도움이 됩니다.

　초등학교 고학년(4~6학년)은 스스로 직접 진단하고, 저학년(1~3학년)은 부모님이 아이의 모습을 관찰하여 대신 진단해보길 권합니다.

성격 유형 에고그램 진단

- ☐ 학교나 친구들 앞에서 보여주는 내 모습을 생각하면서 빠르게 응답해요.
- ☐ 이상적으로 바라는 모습이 아닌, 나의 평소 모습을 떠올려야 해요.
- ☐ 질문을 읽고, 평소의 모습과 비슷하면 ○표, 다르다고 생각하면 ×표를 빈칸에 표시해요. 판단하기 어려운 경우에만 예외적으로 △표를 해요. 정확한 진단을 위해서는 될 수 있으면 ○, ×로 표시하는 게 좋아요.
- ☐ '○'는 2점, '△'는 1점, '×'는 0점으로 계산해요. 각각 세로줄의 총합을 계산해서 '합계' 칸에 써요.
- ☐ 16쪽의 분석지에 5개의 최종 값을 점으로 찍고 막대그래프를 그려요.

#	질문					
1	여러 가지 책을 많이 읽는 편인가요?					
2	화려한 것을 좋아하나요?					
3	무슨 일이든 정확하게 하지 않으면 기분이 나쁜가요?					
4	다른 사람의 표정을 살피면서 행동하는 버릇이 있나요?					
5	다른 사람이 잘못을 했을 때 용서해주기가 어려운 편인가요?					
6	누군가 길을 물을 때 친절하게 알려주나요?					
7	친구나 동생을 자주 칭찬해주나요?					
8	일이 잘 안될 때는 냉정하게 생각하나요?					
9	여러 사람이 모여 떠들고 노는 것을 좋아하나요?					
10	나는 책임감이 강한 사람이라고 생각하나요?					
11	싫어도 싫다는 말을 안 하고 참을 때가 있나요?					
12	다른 사람을 도와주는 것을 좋아하나요?					
13	남들은 잘하는데 나는 못한다고 생각할 때가 있나요?					
14	자기 생각을 굽히지 않고 끝까지 밀고 나가는 편인가요?					
15	결정을 내릴 때 다른 사람의 의견을 듣고 참고하나요?					
16	어려운 일은 바로 하지 않고 질질 끄는 버릇이 있나요?					
17	다른 사람의 나쁜 점보다 좋은 점을 많이 보는 편인가요?					
18	언제나 무리를 해서라도 잘 보이려고 노력하나요?					
19	처음 하는 일은 충분히 검토한 후에 시작하나요?					
20	예의범절에 대해 엄격하게 교육을 받았나요?					
21	어떤 일이든 이익과 손해를 생각하고 행동하나요?					
22	"우아~" "멋지다" "대단하다"와 같은 감탄사를 많이 쓰나요?					
23	일을 시작했을 때 끝까지 하지 않으면 마음이 불편한가요?					
24	누군가 실망에 차 있으면 위로하고 용기를 주나요?					
25	내 생각보다는 부모님이나 다른 사람의 말에 영향을 잘 받는 편인가요?					
26	슬프거나 우울한 기분일 때가 있나요?					
27	부모님의 말씀은 꼭 지키는 편인가요?					

28	말하고 싶은 것이 있으면 망설이지 않고 하는 편인가요?				
29	"안 돼" "~해야 해"라는 말을 잘 쓰는 편인가요?				
30	겸손하고 앞에 나서지 않는 편인가요?				
31	부모님의 기분을 맞춰 드리곤 하나요?				
32	즐거움이나 슬픔을 표정이나 동작으로 자유롭게 나타내나요?				
33	친구들과 어울릴 때 차분하고 침착한 편인가요?				
34	가지고 싶은 것이 있으면 망설이지 않고 말하는 편인가요?				
35	속으로는 불만이지만 겉으로는 만족한 것처럼 행동할 때가 있나요?				
36	몸 상태가 좋지 않을 때는 무리하지 않고 쉬나요?				
37	이성 친구에게도 자유롭게 말할 수 있나요?				
38	친구들과 농담을 하거나 장난치는 것을 좋아하나요?				
39	돈이나 시간에 대해 확실하지 않은 것을 싫어하나요?				
40	부모님과 침착하게 대화하나요?				
41	공부나 해야 할 일을 계획한 대로 하나요?				
42	친구들에게 선물하는 것을 좋아하나요?				
43	누군가 도움을 청하면 "나한테 맡겨" 하며 도와주는 편인가요?				
44	나중에 내가 부모님이 되면 자식을 엄하게 키울 것 같은가요?				
45	그림 그리기나 노래 부르기를 좋아하나요?				
46	누군가 실수나 실패를 하면 몰아붙이지 않고 용서하나요?				
47	싫은 것을 싫다고 말하나요?				
48	동생이나 나보다 나이가 어린 아이를 귀여워하나요?				
49	별자리나 타로 점을 보는 것은 미신이라고 생각하나요?				
50	먹을 것이나 옷이 없는 사람이 있다면 도와줄 건가요?				
○ : 2 △ : 1 × : 0		합 계			

에고그램 분석지

에고그램 진단으로 나온 5개의 결과 값(점수)을 차례대로 점으로 찍은 뒤 막대그래프를 그리고 선으로 연결합니다.

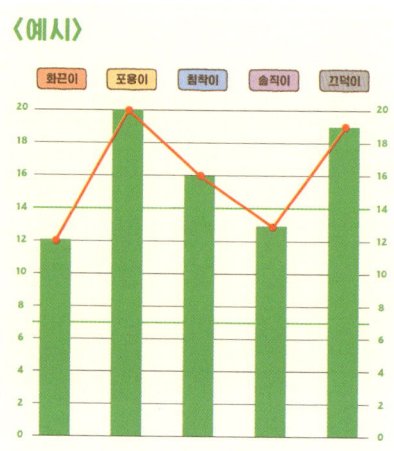

〈예시〉

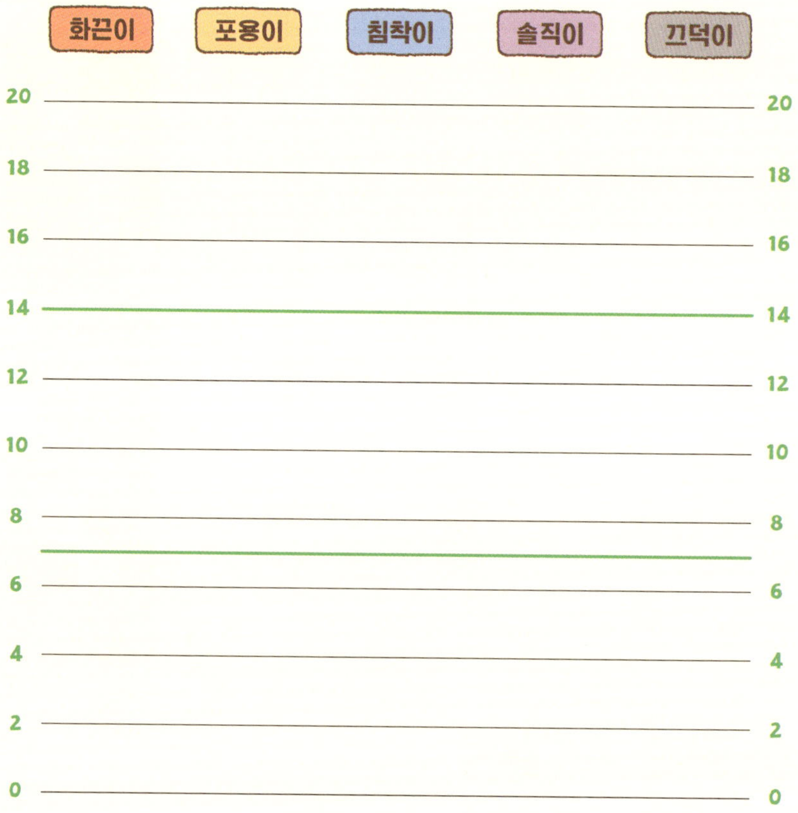

가장 점수가 높게 나온 캐릭터에 ○표 해요.

　　　화끈이　　포용이　　침착이　　솔직이　　끄덕이

가장 점수가 낮게 나온 캐릭터에 ○표 해요.

　　　화끈이　　포용이　　침착이　　솔직이　　끄덕이

　　진단 결과에서 점수가 가장 높게 나온 캐릭터가 나의 1차 개성을 나타내고, 가장 낮게 나온 캐릭터가 나의 2차 개성을 나타냅니다.
　　원래 인간은 이 다섯 가지 성격을 다 가지고 있습니다. 정도의 차이가 있을 뿐, 한 사람 안에 다섯 개의 성격 캐릭터가 모두 존재합니다. 상황이나 상대에 따라 다른 캐릭터가 나오는 것이지요. 예를 들면, 학교에서는 대장 노릇을 하는 아이(화끈이)가 집에서는 부모님에게 순종적인 모습을 보이는 것(끄덕이)처럼요.
　　가장 낮은 점수를 높이기 위한 말과 행동(120쪽)을 평소에 꾸준히 연습하세요. 저학년은 부모님과 선생님의 지도에 따라 연습해보길 바랍니다. 부모님이나 선생님 또한 자신의 성격 유형을 알고 있으면 아이들과 소통하는 데 도움이 됩니다. 성인의 성격 유형 진단과 자세한 설명은 《어른의 대화법》 책과 온라인 사이트(www.empoweredu.kr)를 참고하시길 바랍니다.

규칙이나 윤리에 어긋난 친구의 행동을 제지해야 할 때는 '화끈이'로 단호하게 말해야 해. 친구의 행동을 제지하지 않고 가만히 있거나 그냥 따르게 되면, 학교의 질서가 무너지고 나뿐만 아니라 다른 친구들에게도 피해를 주거든. 진지한 표정으로 목소리에 힘을 주어서 "안 돼/돼", "하지 마/해", "그러지 마/그렇게 해"와 같은 방법으로 말하는 연습을 하자.

PART 1

'화끈이'로 단호하게 말하기

화끈이의 장점은 규칙을 잘 지키고 자신의 생각을 단호하게 **말하는 거야.** 친구가 학교의 규칙을 어기거나 잘못된 행동을 한다면 그때는 용기를 내서 말해줘야 해. 그럼, 어떤 상황에서 화끈이처럼 말해야 하는지 한번 연습해볼까?

 규칙을 지키지 않는 친구에게

이렇게 말해보자!

놀이나 시합을 할 때 이기고 싶은 마음이 강렬하게 들 수 있어. 누군가 실수하거나 우리 모둠이 지고 있으면 속상한 마음도 생길 거야. 그렇다고 경쟁심이 지나쳐서 혼자만 하려고 하는 것은 서로 정한 규칙을 깨는 행동이야. 모두에게 공평하게 기회가 돌아가도록 "규칙은 지켜야 해. 번갈아 가면서 하자!"라고 말하자.

 아래의 내용을 진지한 표정과 단호한 말투로 말해보자.
더 하고 싶은 말이 있으면 덧붙여도 좋아!

> 서로 돌아가면서 하는 거잖아.
> **규칙은 지켜야 해. 번갈아 가면서 하자!**
> 이번에는 내 차례야.

'규칙'에 대해 생각해볼까?

만약 사람이 무인도에 혼자 산다면 규칙이 필요하지 않을 거야. 하지만 여러 사람이 공동체 생활을 할 때는 규칙이 필요하고, 그 규칙을 서로 잘 지켜야 해. 만약 친구가 규칙을 지키지 않고 시합 내내 공을 독차지한다면 어떤 일이 벌어질지 생각해보자.

규칙(規則)
여러 사람이 다 같이 지키기로 작정한 법칙. 또는 제정된 질서.

예
- 다른 친구들의 불만이 터져 나온다.
- 서로 싸울 수 있다.
- 놀이나 시합이 중단된다.

갑자기 새치기를 하는 친구에게

이렇게 말해보자!

친구들과 함께 생활하는 학교에서는 다 같이 질서를 지키는 것이 매우 중요해. 특히 줄을 서고 있는데 누군가 갑자기 새치기를 하면 당황스럽고 기분이 좋지 않지. 그런 친구에게는 "새치기는 안 돼. 차례를 지키자!"라고 단호하게 말해주는 것이 좋아. 만약 그래도 차례를 지키지 않는다면 그때는 선생님께 도움을 요청하자. 또, 내 사정이 너무 급하다면 새치기를 하지 말고 먼저 줄을 선 친구들에게 양해를 구해야 해.

 아래의 내용을 진지한 표정과 단호한 말투로 말해보자.
더 하고 싶은 말이 있으면 덧붙여도 좋아!

> 다들 줄 서서 기다리고 있잖아.
> **새치기는 안 돼. 차례를 지키자!**
> 맨 뒤로 가줘.

'새치기'에 대해 생각해볼까?

화장실에서 다들 볼일을 보기 위해 줄을 서 있는 상황. 누군가 한 명이 차례를 지키지 않고 새치기를 한다면 어떤 일이 벌어질지 생각해보자.

새치기
순서를 어기고 남의 자리에 슬며시 끼어드는 행위. 또는 그런 사람.

예
- 새치기하는 모습을 보고 다른 친구도 따라 할 수 있다.
- 볼일을 보지 못해 피해를 보는 친구가 생긴다.

떠들고 수업을 방해하는 친구에게

이렇게 말해보자!

수업 시간은 학생들이 선생님의 말씀에 집중해서 공부하는 시간이야. 지하철이나 버스 안에서 큰 소리로 전화 통화를 하면 다른 승객에게 방해가 되잖아. 교실에서도 마찬가지야. 옆에서 떠드는 건 수업을 방해하는 행동이야. 떠드는 소리 때문에 선생님 말씀이 안 들리고 수업 내용을 놓친다면 학습에 부정적인 영향을 주겠지? 계속 참고 넘어가면 불편한 상황이 이어지니까, 수업 시간에 떠드는 친구에게는 조용히 해야 한다는 것을 확실하게 알려주자.

 아래의 내용을 진지한 표정과 단호한 말투로 말해보자.
더 하고 싶은 말이 있으면 덧붙여도 좋아!

> 네가 하는 말이 내 자리까지 다 들리거든.
> **수업 시간에는 조용히 해야 돼.**
> 조금만 목소리를 낮춰줘.

'방해'에 대해 생각해볼까?

자신의 행동이 다른 사람에게 방해가 된다는 것을 모를 때도 있어. 나는 누군가를 방해했던 적은 없는지 생각해보자.

방해(妨害)
남의 일을 간섭하고 막아 해를 끼침.

예
- 친구들과 길을 막고 걸어서 뒷사람에게 방해가 됐다.
- 지하철에서 사람들이 내리기 전에 내가 먼저 탔다.

모둠 활동을 성의 없이 하는 친구에게

> **이렇게 말해보자!**

모둠 활동은 친구들이 다 같이 책임지고 해야 해. 어느 한 사람이 다 맡아서 하게 되면 그 친구가 힘들고 지치겠지. 또 공평하지도 않아. 각자 역할을 정해서 맡은 일에 최선을 다하는 게 책임감 있는 모습이야. 모둠 활동을 성의 없이 하는 친구에게는 활동을 제대로 할 수 있도록 각자 맡은 책임을 다하고 협력하자고 말하자. 이때 친구에게 소리를 지르거나 화를 내면 싸움이 될 수 있으니 주의해. 만약 친구가 내 말을 들은 척도 하지 않고 계속 성의 없는 태도를 보인다면 선생님께 도움을 요청하자.

 아래의 내용을 진지한 표정과 단호한 말투로 말해보자.
더 하고 싶은 말이 있으면 덧붙여도 좋아!

여기 가위질이 덜 됐어.
모둠 활동은 다 같이 책임지고 해야 해.
테두리에 가깝게 더 잘라줘.

> **'책임'에 대해 생각해볼까?**

공동체 생활을 하면 각자에게 주어지는 책임이 있어. 학교와 집에서 내가 해야 할 책임에는 무엇이 있는지 생각해보자.

책임(責任)
맡아서 해야 할 임무나 의무.

예
- 학급 회의 때 회의 내용을 기록하는 서기이다.
- 집에 오면 신발 정리는 내가 한다.

빌려 간 물건을 돌려주지 않는 친구에게

이렇게 말해보자!

친구를 믿고 물건을 빌려줬는데 아무 말 없이 돌려주지 않는다면 서운하거나 원망스러울 거야. '괜히 빌려줬다'라는 후회가 들 수도 있어. 다음에 이런 일이 다시 발생하지 않도록 빌린 물건은 꼭 돌려줘야 한다는 것을 확실하게 말하자. 또, 친구에게 물건을 빌려줄 때는 처음부터 '~까지 돌려줘.' 하고 날짜를 정해 둬. 그러면 친구도 돌려주는 걸 깜박하지 않을 거야.

 아래의 내용을 진지한 표정과 단호한 말투로 말해보자.
더 하고 싶은 말이 있으면 덧붙여도 좋아!

> 빌린 사람이 모르면 안 되지.
>
> **빌린 물건은 꼭 돌려줘야 돼.**
>
> 그럼 월요일까지 갖다줘.

'믿음'에 대해 생각해볼까?

물건을 빌리거나 빌려주는 것은 상대에 대한 믿음이 있다는 의미야. 친구, 선생님, 가족과 나 사이에 믿음이 있다면 내가 무엇을 해줄 수 있는지 생각해보자.

믿음
어떤 사실이나 사람을 믿는 마음.

예
- 나를 믿고 얘기한 친구의 비밀을 아무한테도 말하지 않는다.
- 부모님과 약속한 핸드폰 사용 시간을 꼭 지킨다.

툭툭 건드리면서 말하는 친구에게

이렇게 말해보자!

명확한 이유 없이 습관적으로 옆에 있는 사람을 툭툭 건드리면서 말하는 친구가 있어. 당하는 친구는 매우 불쾌하고 화가 나지. 그렇다고 "야! 건드리지 마!"라고 윽박지르면 과격한 주먹다짐으로 상황이 나빠질 수 있어. 맞은 부위를 만지면서 살짝 찡그린 얼굴로 "아야, 아파…."라고 말해봐. 그리고 "자꾸 툭툭 치면서 말하지 마"라고 목소리에 힘을 주어 확실하게 내 생각을 밝혀야 해. 내가 원하지 않는 신체 접촉이나 폭력에 대해서는 아무리 사소한 것이라도 단호하게 말하자. 그래야 상대가 장난으로라도 반복하지 않거든. 만약 친구가 위협적으로 나온다면 선생님께 도움을 요청해. 선생님이 나서야 상황이 안정될 수 있어.

 아래의 내용을 진지한 표정과 단호한 말투로 말해보자.
더 하고 싶은 말이 있으면 덧붙여도 좋아!

> 아야, 아파.
> **자꾸 툭툭 치면서 말하지 마.**
> 아프니까 치지 말고 그냥 얘기해.

'폭력'에 대해 생각해볼까?

폭력은 그 어떤 이유로도 용납할 수 없는 행동이야. 친구 사이에 절대 하면 안 되는 폭력적인 행동들을 생각해보자.

예
- 친구의 몸을 발로 찬다.
- 머리채를 잡아당긴다.

폭력(暴力)
남을 거칠고 사납게 제압할 때에 쓰는, 주먹이나 발 또는 몽둥이 등의 수단이나 힘.

내가 싫어하는 별명을 자꾸 부르는 친구에게

이렇게 말해보자!

친구들끼리 이름이나 생김새를 가지고 서로 별명을 지어서 부르는 경우가 있어. 특히 친한 사이에서 별명을 부르면 친근함을 표현할 수 있고 서로가 더 끈끈하게 느껴지지. 하지만 친구가 마음에 들어 하지 않거나, 친구의 콤플렉스를 건드리는 별명이라면 절대로 부르면 안 돼. 반대로 친구가 나를 별명으로 놀릴 때는 그렇게 부르지 말라고 강하게 말해야 해. 똑같이 그 친구에게 이상한 별명을 붙여서 놀리면 나도 그런 사람이 되는 거야. 그러다가 서로 기분이 상해서 싸우게 될 수도 있어. 서로 별명 부르는 것을 좋아하는 친구끼리만 해야 하는 거야. 누구 한 사람이라도 싫어한다면 놀리거나 장난치면 안 된다는 것을 꼭 기억하자.

🎙️ 아래의 내용을 진지한 표정과 단호한 말투로 말해보자.
더 하고 싶은 말이 있으면 덧붙여도 좋아!

> 내가 그렇게 부르지 말랬지.
> 나는 재미없거든?
> **내 이름 그렇게 부르지 마.**

'별명'에 대해 생각해볼까?

별명은 어떻게 부르느냐에 따라 기분이 나쁠 수도 있고, 좋을 수도 있어. 내가 듣고 싶은 별명과 싫어하는 별명을 생각해보자.

별명(別名)
사람의 외모나 성격 따위의 특징을 바탕으로 남들이 지어 부르는 이름.

 • 듣고 싶은 별명: 금손(손재주가 좋다.)
• 싫어하는 별명: 뼈다귀(마른 체형)

나쁜 행동을 부추기는 친구에게

이렇게 말해보자!

친구를 다른 친구들하고 놀지 못하게 하거나 공개적으로 친구를 놀림거리로 만드는 것, 고의로 아프게 만드는 것 등은 도덕적으로 옳지 않은 행동이야. 만약 친구가 이렇게 나쁜 행동을 같이 하자고 한다면, "나는 하고 싶지 않아. 부추기지 마"라고 확실하게 말해야 해. 친구에게 휘둘리지 말고, 옳지 않은 일은 하지 않도록 하자. 만약 친구가 하자고 해서 어쩔 수 없이 했더라도 내가 한 행동에 대한 책임은 나에게 있다는 사실을 잊지 마.

 아래의 내용을 진지한 표정과 단호한 말투로 말해보자.
더 하고 싶은 말이 있으면 덧붙여도 좋아!

> 그러면 안 돼.
>
> 민영이 다칠 수 있어.
>
> **같이 하자고 부추기지 마.**

'나쁜 행동'에 대해 생각해볼까?

도덕적으로 잘못된 행동은 하지 않아야 해.
친구 사이에 하면 안 되는 나쁜 행동들을 생각해보자.

나쁜 행동
(도덕적으로) 잘못된, 옳지 않은 행동.

예
- 친구의 물건을 몰래 숨겨 놓는 행동
- 친구끼리 이간질하는 행동
- 한 친구만 의도적으로 따돌리는 행동

뒤에서 내 험담을 하는 친구에게

이렇게 말해보자!

인간은 완벽하지 않아서 누구나 흠이 있어. 하지만 뒤에서 친구의 흉을 보거나 험담을 하는 건 좋지 않은 행동이야. 하고 싶은 말은 직접 이야기 해야 해. 예를 들어 친구가 남에게 피해를 주는 흠을 갖고 있다면 고치라고 조언해주는 거지. 만약 누군가 나쁜 의도로 뒤에서 내 험담을 했다면, 그 친구와는 거리를 두는 게 좋아. 또, 가만히 참고 넘기면 잘못된 소문이 퍼질 수도 있으니 미리 바로잡자. "다른 친구들에게 내 험담하지 마"라고 단호하게 말하는 거야. 친구가 발뺌하거나 계속 험담을 하고 다닌다면 선생님과 부모님께 도움을 요청하도록 해.

아래의 내용을 진지한 표정과 단호한 말투로 말해보자.
더 하고 싶은 말이 있으면 덧붙여도 좋아!

> 나한테 하고 싶은 말 있으면 직접 얘기해.
> 뒤에서 내 이야기 하고 다니는 거 기분 나빠.
> **다른 친구들한테 내 험담하지 마.**

'험담'에 대해 생각해볼까?

친구나 가족의 험담을 했던 일을 떠올려보자. 장난으로라도 했던 험담이 있다면 적어보고 다시는 하지 않겠다고 스스로 다짐하자.

험담(險談)
남의 흠을 들추어 헐뜯음. 또는 그런 말.

- 친구한테 얻어먹기만 하고 빌붙는다고 험담했다.
- 앞으로는 험담은 절대 하지 않겠다.

내 비밀을 다른 사람에게 말한 친구에게

이렇게 말해보자!

비밀은 믿을 수 있는 진짜 친한 친구에게만 털어놓는 거야. 하지만 비밀을 친구에게 말하는 순간 그건 더 이상 비밀이 아니기도 하지. 그래서 비밀을 말할 때는 신중해야 해. 남에게 알려지지 않았으면 하는 내 이야기는 혼자 간직하는 게 더 나을 수도 있어. 그리고 비밀을 들었을 때는 절대로 다른 사람에게 전하면 안 돼. 친구의 비밀을 다른 사람에게 말하는 것은 잘못된 행동이라는 것을 꼭 기억하자.

 아래의 내용을 진지한 표정과 단호한 말투로 말해보자.
더 하고 싶은 말이 있으면 덧붙여도 좋아!

> 내가 너한테만 말한 비밀을 다른 친구에게 들어서 좀 당황스럽고 화가 나거든.
> **비밀은 지켜줘.**
> **다시는 다른 사람한테 그 얘기 하지 마.**

'비밀'에 대해 생각해볼까?

만약 내가 친구에게 비밀 이야기를 들었다면 어떤 생각이 들까? 그리고 어떤 마음가짐을 가져야 하는지 생각해보자.

비밀(祕密)
숨기어 남에게 드러내거나 알리지 말아야 할 일.

- 예
  - 친구가 나를 믿을 수 있는 친구로 생각하고 있구나.
  - 비밀을 꼭 지켜야지.
  - 엄마 아빠한테도 절대 얘기 안 할 거야.

친구의 입장이나 상황을 배려해야 할 때는 '포용이'로 공감하며 말하는 것이 좋아. 속상함, 억울함, 불안, 두려움 등 친구가 느끼는 감정에 주목해서 "속상하지…", "억울했구나"와 같이 친구의 감정을 읽어주려고 해봐. 따뜻한 눈빛과 다정한 목소리로 "괜찮아~", "도와줄까?"와 같은 방법으로 말하는 연습을 하자.

PART 2

'포용이'로
공감하며 말하기

포용이의 장점은 배려심이 있고 친구의 감정에 공감하며 말하는 거야. 내가 느끼는 감정과 다르다고 하더라도 친구의 감정에 같이 머물러주는 자세가 중요해. 그럼, 어떤 상황에서 포용이처럼 말해야 하는지 한번 연습해볼까?

나를 좋아한다고 고백하는 친구에게

이렇게 말해보자!

누군가에게 좋아하는 마음을 고백하는 것은 쉽지 않은 일이야. 민망하기도 하고 부끄럽기도 하기 때문에 큰 용기가 필요하지. 나도 그 친구를 좋아한다면 기분 좋게 "그래~"라고 수락하겠지만, 좋아하는 사람이 따로 있거나 아직 이성 교제에 대한 마음의 준비가 되지 않았다면 매우 곤란할 거야. 이럴 때는 "싫어!"라고 냉정하게 말하기보다 친구의 마음에 공감해주면서 상처 받지 않도록 거절하자.

 아래의 내용을 따뜻한 표정과 다정한 말투로 말해보자.
더 하고 싶은 말이 있으면 덧붙여도 좋아!

> **나를 특별하게 생각해줘서 고마워.**
> **떨리고 고민 많이 했을 텐데, 용기를 낸 거 정말 멋져.**
> 그런데… 그냥 좋은 친구로 지냈으면 좋겠어.

'이성 교제'에 대해 생각해볼까?

자신이 어떤 사람을 좋아하는지 모르면, 친구가 상처 받을까 봐 어쩔 수 없이 고백을 받아들일지도 몰라. 그러니 만약에 이성 친구를 사귄다면 어떤 친구였으면 좋겠는지 나만의 기준을 정해보자.

> **이성 교제(異性交際)**
> 남녀가 서로 사귀어 가까이 지냄.

예
- 학교에 지각하지 않는 부지런한 아이
- 친구들을 웃게 해주는 재미있는 아이
- 공부를 열심히 하는 성실한 아이
- 운동을 잘하는 아이

혼자 있어서 외로워 보이는 친구에게

> **이렇게 말해보자!**

혼자 있는 친구를 보면 자꾸 신경이 쓰이고 먼저 챙겨주고 싶은 마음이 드는 건 배려심 있는 자세야. 그 친구도 다른 아이들과 같이 어울리고 싶은데 낯을 가리는 성격일 수 있거든. 친구들에게 말 걸기 어려워하는 친구에게 먼저 다가가준다면 정말 고마워할 거야! 다만, 조용히 혼자 있고 싶을 수도 있으니 직접 물어서 확인해보자.

 아래의 내용을 따뜻한 표정과 다정한 말투로 말해보자.
더 하고 싶은 말이 있으면 덧붙여도 좋아!

혼자 있으면 **심심하지 않아? 괜찮아?**

우리 같이 놀래?

아니면, **조용히 혼자 있고 싶으면 얘기해~**

> **'혼자'에 대해 생각해볼까?**

혼자 있으면 외롭거나 심심하다고 하는 친구가 있어. 오히려 집중이 잘 되고 편하다고 느끼는 친구도 있지. 때로는 누가 귀찮게 하지 말고 혼자 조용히 있었으면 좋겠다는 생각이 들기도 해. 나는 혼자 있을 때 주로 어떤 기분인지 생각해보자.

혼자
다른 사람과 어울리거나 함께 있지 않고 그 사람 한 명만 있는 상태.

예
- 외롭고 쓸쓸하다.
- 편하다.
- 아무렇지 않다.
- 심심하다.
- 즐겁고 좋다.

도움을 주고 싶은 친구에게

이렇게 말해보자!

어려움이 있어 보이는 친구를 그냥 지나치지 않고 도와주려는 마음을 가지는 것, 정말 멋져. 친구도 마침 도움이 필요한 상황이었다면 정말 고마워할 거야. 다만, 친구가 다른 사람의 도움 없이 혼자 해보고 싶은 마음일 수도 있어. 그러니까 친구에게 일방적으로 도움을 주기 전에 도움이 필요한 상태인지 먼저 물어보자.

 아래의 내용을 따뜻한 표정과 다정한 말투로 말해보자.
더 하고 싶은 말이 있으면 덧붙여도 좋아!

> 혹시 뭐가 잘 안 돼?
>
> 괜찮으면, 내가 좀 도와줄까?
>
> 혼자 할 수 있으면 말해.

'도움'에 대해 생각해볼까?

이 세상은 혼자의 힘으로만 살아갈 수 없어. 다른 사람들과 서로 도움을 주고받으면서 살아야 하지. 나는 내 주변 사람들에게 어떤 도움을 줄 수 있는지, 또 나는 다른 사람들에게 어떤 도움을 받고 싶은지 생각해보자.

도움
남을 돕는 일.

예
- 내가 줄 수 있는 도움: 무거운 물건을 들고 갈 때 함께 들어준다.
- 내가 받고 싶은 도움: 길을 헤맬 때 길을 알려주었으면 좋겠다.

칭찬해주고 싶은 친구에게

이렇게 말해보자!

칭찬은 사람을 기분 좋게 하는 힘이 있어. 누군가 나를 인정해준다는 것은 정말 기분 좋은 일이지. 어떤 행동을 했을 때 누군가 즉시 그것을 인정해주면, 우리 뇌는 그것을 기분 좋은 행동으로 기억하고 다시 하게 만든다고 해. 친구가 좋은 일을 했거나 친구에게 본받을 점이 있을 때 곧바로 칭찬해주자. 친구가 정말 뿌듯하고 기쁠 거야. 그리고 다른 사람이 칭찬해줄 때는 너무 나를 낮추지 말고 "그렇게 말해줘서 고마워."라고 대답하면 돼.

 아래의 내용을 따뜻한 표정과 다정한 말투로 말해보자.
더 하고 싶은 말이 있으면 덧붙여도 좋아!

> 쓰레기 줍는 것 봤어.
> 내 친구 환경 지킴이네~
> 쉽지 않은 일인데 **정말 멋지고 대단해.**

'칭찬'에 대해 생각해볼까?

다른 사람에 대한 칭찬도 필요하지만 자기 자신에게도 매일 칭찬해주는 것이 좋아. 나의 어떤 점을 칭찬할 수 있을지 생각해봐.

칭찬(稱讚)
좋은 점이나 착하고 훌륭한 일을 높이 평가함. 또는 그런 말.

예
- 웃는 모습이 매력 있다.
- 인사를 잘한다.
- 집안일을 잘 도와드린다.

몸을 부딪쳐 아파하는 친구에게

> 이렇게 말해보자!

정신없이 걷거나 움직이다가 간혹 친구들끼리 충돌하는 경우가 있어. 심하게 부딪치면 누군가 다칠 수도 있지. 이때 친구를 탓하거나 화를 낸다면 상황이 안 좋아질 거야. 서로 조심했어야 하는 상황이니까, 잘잘못을 따지기보다는 친구가 많이 다치지는 않았는지 먼저 살피자. 고통스러워하는 친구를 먼저 챙기는 모습은 따뜻한 마음과 배려심이 있을 때 가능한 일이지. 다친 사람이 없다면 다행이라고 생각하고, 다음부터는 더욱 조심하면 돼.

 아래의 내용을 따뜻한 표정과 다정한 말투로 말해보자. 더 하고 싶은 말이 있으면 덧붙여도 좋아!

괜찮아? 많이 아파? 욱신대는 것 같은데.

미안. 나도 앞을 제대로 못 봤어.

> '고통'에 대해 생각해볼까?

신체에 어떤 자극이 오면 아프고 고통스러워. 신경이 날카로워지기도 하지. 상대로 인해 고통을 느꼈을 때 어떤 태도를 보여야 상황을 잘 정리할 수 있을지 생각해보자.

고통(苦痛)
몸이나 마음의 괴로움과 아픔.

예
- 상대를 탓하지 않는 태도
- 다친 사람이 없는 것에 대해 감사하는 마음

회장 선거에서 **떨어진** 친구에게

이렇게 말해보자!

반이나 학교를 대표하는 임원은 책임감이 많이 필요해. 친구들을 위해 솔선수범해야 하는데, 그것을 자원해서 한다는 것 자체가 멋지고 대단한 일이야. 하지만 후보로 나갔다고 해서 당선이 된다는 보장은 없지. 선거의 결과는 예측할 수 없어. 원하던 회장이 되지 못해 아쉽고 속상해 하는 친구의 마음을 다독여주자. 먼저 다가가 격려하면 친구가 고마워하고 힘을 낼 거야. 또, 만약 내가 후보로 나갔는데 당선되지 못한 경우에도 너무 낙심할 필요는 없어. 친구들이 나를 뽑지 않았다고 해서 나를 싫어한다는 뜻은 아니거든. 다음번에 다시 도전해보자!

 아래의 내용을 따뜻한 표정과 다정한 말투로 말해보자.
더 하고 싶은 말이 있으면 덧붙여도 좋아!

> **많이 아쉽겠다. 속상하지.**
> 다음에 또 기회가 있으니까 다시 도전해봐.

'선거'에 대해 생각해볼까?

반장이나 회장 선거를 할 때 친구들은 다양한 이유로 투표를 해. 그렇다면 나는 어떤 기준으로 투표를 하는지 생각해보자.

선거(選擧)
일정한 조직이나 집단이 대표자나 임원을 뽑는 일.

예
- 나와 친한 친구에게 투표한다.
- 적극적이고 여러 아이들과 두루 친한 친구에게 투표한다.
- 학교에 일찍 오는 부지런한 친구에게 투표한다.

외모 콤플렉스로 고민하는 친구에게

이렇게 말해보자!

내 눈에는 다른 사람이 더 예쁘고, 멋지고, 잘나 보이는 경우가 많아. 그래서 부러운 친구가 있을 거야. 그런데 반대로 나를 부러워하는 친구도 있다는 것을 알아야 해. 각자의 매력이 다르기 때문에 사실은 서로가 서로를 부러워하는 셈이지. 물론 콤플렉스도 있겠지만 그건 내가 받아들이기 나름이야. 내 콤플렉스를 인정하고 나 자신을 사랑할 줄 안다면 다른 사람을 품어줄 마음의 여유도 생길 거야. 그러니 친구가 느끼는 콤플렉스의 긍정적인 면을 찾아서 따뜻하게 말해주자!

 아래의 내용을 따뜻한 표정과 다정한 말투로 말해보자.
더 하고 싶은 말이 있으면 덧붙여도 좋아!

> **나도 콤플렉스 있어.** 얼굴이 너무 하얘서 어릴 때 친구들이 밀가루라고 놀렸어. 지금은 괜찮아.
> **난 네가 부러워.** 검은 피부는 건강해 보이고, 키도 크잖아~

'콤플렉스'에 대해 생각해볼까?

인간은 완벽하지 않기 때문에 누구나 콤플렉스가 있는데 그것을 인정하고 자기 자신을 사랑해주면 좋겠어. 스스로 생각하는 콤플렉스의 긍정적인 면을 찾아보자.

콤플렉스(complex)
다른 사람에 비하여 뒤떨어졌다거나 능력이 없다고 생각하는 감정

예
- 키가 작다. → 아담해서 귀엽다.
- 눈이 나빠서 안경을 쓴다. → 똑똑해 보인다.
- 입이 크다 → 웃을 때 더 밝아 보인다.

감정을 못 이겨 씩씩대는 친구에게

이렇게 말해보자!

자기 마음대로 안 되면 감정 조절이 안 되는 친구들이 있어. 흥분해서 씩씩대면서 주변 사람까지 불편하게 만들거나, 짜증을 내서 친구의 기분을 망쳐버리기도 해. 이럴 때 옆에서 감정 조절을 할 수 있게 도와주자. 흥분을 가라앉히고 차분히 해보라고 타이르는 거야. 계속 잘 안되면 도움을 주겠다고 안심시키는 것도 좋아. 친구의 감정을 받아주기 쉽지 않겠지만, 나중에 문제가 해결되었을 때 친구도 미안함과 고마움을 느낄 테니 너그럽게 이해해주자. 다만 이런 일이 반복되고 고마워하지 않는 친구라면 조금씩 거리를 두어야 해.

 아래의 내용을 따뜻한 표정과 다정한 말투로 말해보자.
더 하고 싶은 말이 있으면 덧붙여도 좋아!

> 너 지금 흥분했거든.
> **마음을 가라앉히고 차분히 한번 해볼래?**
> 계속 잘 안되면 **내가 도와줄게.**

'감정 조절'에 대해 생각해볼까?

내 감정뿐만 아니라 다른 사람의 감정도 중요하니까 스스로 감정 조절을 할 줄 알아야 해. 어떤 방법들이 있을까 생각해보자.

조절(調節)
균형이 맞게 바로잡음. 또는 적당하게 맞추어 나감.

예
- 천천히 심호흡을 한다.
- 감정이 올라올 때 숫자를 센다.

실수해서 속상해하는 친구에게

> 이렇게 말해보자!

열심히 공부했는데 실수로 시험을 망치면 무척 속상해. 점수가 전부는 아니지만, 노력한 만큼 결과가 나오지 않으면 실망이 크거든. "너 평소에 덜렁대더니 이럴 줄 알았다!"라고 비난하면 친구는 더 마음이 아플 거야. 이럴 때는 옆에서 위로하고 응원해주자. "실수할 수도 있지. 다음에는 잘할 거야"라고 친구의 마음에 공감해주면, 다시 일어설 수 있는 힘이 생길 거야.

 아래의 내용을 따뜻한 표정과 다정한 말투로 말해보자.
더 하고 싶은 말이 있으면 덧붙여도 좋아!

> 어떡해, **속상하지…** 아는 건데 실수한 것뿐이야.
> 그래도 **진짜 속상하겠다.**
> **실수할 수도 있지.** 다음에는 잘할 거야!

> '실수'에 대해 생각해볼까?

실수는 누구나 할 수 있어. 중요한 건 다시 또 실수하지 않겠다는 의지와 노력이지. 실수하지 않기 위해 할 수 있는 노력을 생각해보자.

실수(失手)
조심하지 않아서 잘못함.
또는 그런 행위.

예
- 평소에 차분하고 침착하게 행동하도록 노력한다.
- 빠트린 것이 없는지 두 번씩 꼼꼼하게 확인한다.

나와 다른 취향을 가진 친구에게

> **이렇게 말해보자!**

사람마다 생각이나 취향이 다를 수 있어. 친구가 좋아하는 것이 내가 볼 땐 별로일 수 있고, 내가 좋아하는 것도 친구가 볼 땐 자기 취향과 맞지 않을 수 있어. 그렇다고 "그거 별로야. 이상한데?"라고 말하면 안 돼. 서로의 다름을 인정하고, 친구의 취향을 존중해야 좋은 친구 관계를 유지할 수 있어. 내 취향이 아니더라도 '너는 그렇구나. 너는 그런 취향을 좋아하는구나.'라고 받아들이면 돼. 아주 가까운 친한 사이라도 꼭 취향이 같지는 않다는 것, 그것이 이상하거나 틀린 것이 아니라는 점을 기억하자.

 아래의 내용을 따뜻한 표정과 다정한 말투로 말해보자.
더 하고 싶은 말이 있으면 덧붙여도 좋아!

> 와, 종류가 그렇게 다양해?
> **너는 그렇구나. 그런 걸 좋아하는구나.**
> 나는 줄무늬를 좋아하는데 **우리 취향은 다르네.**

> **'취향'에 대해 생각해볼까?**

나와 취향이 같은 친구, 취향이 다른 친구를 떠올려볼까? 각자 좋아하는 것이나 취향을 생각해보자.

취향(趣向)
하고 싶은 마음이 쏠리는 방향. 또는 그런 경향.

예
- 나는 토끼를 좋아해서 토끼 모양 굿즈를 모은다.
- 내 친구는 모자를 좋아한다.
- 나와 친구는 서로 다른 아이돌 그룹을 좋아한다.

이성적이고 현실적으로 상황을 판단해야 할 때는 '침착이'로 차분하게 말해야 해. 이성적인 판단을 하지 못하면 분별력을 잃고 자기 생각만 고집하게 되거든. 개인적인 감정은 잠시 빼두고, 무덤덤한 어조와 낮은 목소리로 "구체적으로 말하면", "정리하면", "현실적으로", "비교해 봤을 때", "한번 생각해보자"와 같은 방법으로 말하는 연습을 하자.

PART
3

'침착이'로
조리 있게 말하기

침착이의 장점은 차분하게 말하고 객관적인 사실 중심으로 조리 있게 이야기를 하는 거야. '누가, 언제, 어디서, 무엇을, 어떻게, 왜'라는 육하원칙과 사실에 근거해서 생각하고 말해야 오해가 생기지 않아. 그럼, 어떤 상황에서 침착이처럼 말해야 하는지 한번 연습해 볼까?

1

하고 싶은 놀이가 각자 다른 친구들에게

이렇게 말해보자!

여러 사람이 서로 자기가 원하는 것만 얘기하면 하나로 결정하기 어려워. 서로 각자의 주관적인 의견만 내고 있다면, 침착한 태도로 현재 상황에 대해 객관적인 사실을 이야기해주자. 빠르게 문제를 해결하려면 모두가 지금 어떤 상황인지, 어떻게 해야 하는지 이성적으로 상황 판단을 할 수 있어야 해. 의견이 모아지지 않으면 다수결을 제안하는 방법도 있어. 비교적 많은 사람이 찬성하는 의견을 따르는 거지.

아래의 내용을 감정 변화 없이 차분한 말투로 말해보자. 더 하고 싶은 말이 있으면 덧붙여도 좋아!

> 쉬는 시간 10분밖에 안 남았어.
> 빨리 안 정하면 아무것도 못 해.
> 보드게임은 어제 했고,
> 나머지 중에 정하는 게 어때?

'사실'에 대해 생각해볼까?

'주관적인 의견'과 '객관적인 사실'은 구분할 수 있어야 해. 그렇다면 의견과 사실의 예시를 각각 들어보고 나는 이 둘을 잘 구분하는지 생각해보자.

사실(事實)
실제로 있었던 일이나 현재에 있는 일.

예
- 나는 성실하다. (의견)
- 나는 이번 학기에 지각을 한 번도 안 했다. (사실)

2

서로 다른 의견을 상의하는 친구들에게

> **이렇게 말해보자!**

친구들과 먹고 싶은 메뉴나 가고 싶은 곳, 하고 싶은 것을 이야기할 일이 많아. 친구가 몇 명이든, 모두 자유롭게 자기 의견을 말하고 함께 상의해서 결정해야 해. 의견을 말할 때는 그렇게 생각하는 이유를 덧붙이는 게 좋아. 다양한 의견과 이유를 듣고 나면 어떤 결정이 우리 모두에게 이로운지, 현실적으로 가능한지 등을 객관적으로 판단할 수 있거든. 이때, 내 감정에만 치우쳐서 "난 오늘 꼭 이걸 먹고 싶다고!"라고 조르거나 우기면 불편한 상황이 될 거야. 그러니 다 같이 상의할 때는 내 감정이나 욕심을 앞세우지 말고 차분하게 상황을 판단하자.

 아래의 내용을 감정 변화 없이 차분한 말투로 말해보자.
더 하고 싶은 말이 있으면 덧붙여도 좋아!

우리, 한 가지씩 생각해보고 결정하자.
의견을 정리해볼게. 곧 학원 가야 하잖아.
마라탕이랑 떡볶이 먹기엔 시간이 부족해.
빨리 나오는 햄버거가 좋겠어. 다들 어떻게 생각해?

> **'상의'에 대해 생각해볼까?**

어떤 일에 대해 친구나 가족과 함께 상의했던 경험을 떠올려보고, 그때 어떻게 결정했는지 생각해보자.

상의(相議/商議)
어떤 일을 서로 의논함.

예
- 모둠 활동 발표를 누가 할지 상의하다가 가위바위보로 정했다.
- 가족 여행을 어디로 갈지 다수결로 정했다.

3

몸이 아픈 친구에게

> **이렇게 말해보자!**

학교에서 갑자기 몸 상태가 안 좋아지거나 체육 시간에 운동하다가 다칠 때가 있어. 쉬는 시간에 친구들과 거칠게 장난치다가 다치는 경우도 생기지. 나나 친구가 아플 때는 곧바로 보건실로 가서 선생님에게 도움을 요청해야 해. 심하면 학교를 조퇴하고 병원에 가야 할지도 몰라. 그럴 때 어디가 아픈지 정확하게 말해야 그에 맞는 치료를 신속하게 받을 수 있어. 언제부터 어느 부위가 아팠는지, 통증은 어떤지 구체적으로 증상을 말하는 것이 좋아. 위급한 상황일수록 문제 해결에 도움이 되는 객관적인 정보를 더 침착하게 말하도록 하자.

🎤 아래의 내용을 감정 변화 없이 차분한 말투로 말해보자.
더 하고 싶은 말이 있으면 덧붙여도 좋아!

> 선생님, 민영이가 **배가 아파요.**
> **3교시부터 속이 메스껍고 아랫배가 따끔했대요.**
> **오늘 아침부터 아무것도 못 먹고요.**
> 계속 책상에 엎드리고 있었어요.

> **'통증'에 대해 생각해볼까?**

몸 상태가 안 좋았던 때를 떠올려보자. 그때 느꼈던 통증을 구체적으로 생각해보자.

통증(痛症)
아픈 증세.

- 떡을 먹고 체해서 배에 가스가 찬 느낌이었다.
- 비행기를 처음 탔을 때 속이 메스꺼워서 토를 했다.
- 감기에 걸렸을 때 귀가 먹먹하고 숨 쉬는 게 힘들었다.

4

내 경험과 의견을 궁금해하는 친구에게

이렇게 말해보자!

내가 직접 겪은 경험에 대해 누군가 "어땠어?"라고 갑자기 물어보면 너무 막연해서 뭐라고 대답해야 할지 난감할 때가 있어. 이럴 때는 내가 느낀 점에 대해 짧게 말하면 돼. 예를 들면, '재미'를 기준으로 '재미있었던 것'과 '재미없었던 것' 두 가지를 나눠서 생각해봐. 그러면 현장에서 체험했던 여러 가지 중에서 몇 가지가 떠오를 거야. 이 둘을 구분해서 하나씩 말하면 돼. 앞으로 누가 내 경험에 대해 어땠냐고 물어보면 당황하지 말고 이렇게 이야기하자.

아래의 내용을 감정 변화 없이 차분한 말투로 말해보자.
더 하고 싶은 말이 있으면 덧붙여도 좋아!

> 재미있는 것도 있고, 재미없는 것도 있었어.
> **실제로 처음 본 식물들이 많아서 신기하고 재밌었어.**
> 그런데 **영상은 시시하고 재미없더라.**

'느낌'에 대해 생각해볼까?

"어땠어?"라는 질문에 내가 느낀 점을 다양하게 말할 수 있어. 내가 겪은 여러 가지 느낌들을 생각해보자.

느낌
몸의 감각이나 마음으로 깨달아 아는 기운이나 감정.

예
- 신기했다.
- 무섭고 깜짝 놀랐다.
- 하품이 날 정도로 지루했다.
- 계속 웃음이 나고 신났다.

5

방학에 한 일을 묻는 친구에게

> 이렇게 말해보자!

방학 동안 내가 한 일을 떠올리면 아마 크고 작은 수많은 일들이 있었을 거야. 그걸 순서 없이 말하면 장황해져서 듣는 사람이 나의 이야기를 잘 기억하지 못해. 정리해서 말하고 싶을 때는 무엇부터 이야기할지 번호를 매기는 것이 좋아. '넘버링'이라는 방법인데, 말을 시작할 때 지금부터 몇 가지를 말할 건지 먼저 알려주고 그런 다음에 차례대로 이야기하는 거야. 그러면 듣는 사람도 이해하기 쉽고, 내 말을 잘 기억할 수 있어.

 아래의 내용을 감정 변화 없이 차분한 말투로 말해보자.
더 하고 싶은 말이 있으면 덧붙여도 좋아!

> 방학에 한 것 중에 기억에 남는 일이 세 가지 있어. **첫 번째는** 가족들하고 캠핑했고, **두 번째는** 워터파크에 갔다 왔어. **세 번째는** 할머니 댁에 다녀온 게 기억에 남아. 너는 뭐 하고 지냈어?

> '넘버링'에 대해 생각해볼까?

내가 잘 아는 것을 한 가지 떠올려봐. 그 주제에 대해서 친구에게 설명해준다고 생각하고 말할 내용에 번호를 붙여서 생각해보자.

넘버링(numbering)
번호 붙이기.

예
- 슬라임
  ① 슬라임의 종류
  ② 슬라임 만드는 법
  ③ 슬라임 관리법
- 마라탕
  ① 마라탕의 재료
  ② 마라탕 맛있게 먹는 방법
  ③ 마라탕 맛집

6
나 대신 물건을 사다주는 친구에게

이렇게 말해보자!

가끔씩 나를 대신해서 친구가 물건을 사다주는 일이 있어. 내가 원하는 물건을 친구가 잘 사 오려면 정확하고 구체적으로 설명해줘야 해. 색깔, 크기, 디자인, 특징, 수량 등 정보를 많이 알려줄수록 좋아. 제품의 모델명을 말해줄 수도 있고, 제품 사진을 같이 보내주는 것도 좋은 방법이야. 만약 친구가 다른 물건을 사 왔다면 그건 친구의 잘못이 아니라 정확하게 설명해주지 않은 내 잘못이 큰 거야. 나 대신 사다주려고 노력한 것만으로도 고마운 일이니까 친구에게 감사함을 표현하는 것을 잊으면 안 돼. 하지만 이런 일은 자주 생기면 안 되니까 스스로 준비물이나 자기 물건을 잘 챙기자.

 아래의 내용을 감정 변화 없이 차분한 말투로 말해보자.
더 하고 싶은 말이 있으면 덧붙여도 좋아!

> **양면 색종이로 20색 100매짜리 1개** 사다주면 돼.
> 만약에 없으면 **단면 색종이로 10색 100매짜리** 사다줘도 돼. 고마워~

'준비'에 대해 생각해볼까?

학교 가기 전에 스스로 준비해야 할 것들을 생각해보자.

준비(準備)
미리 마련하여 갖춤.

예
- 알림장을 보고 다음날 필요한 준비물을 챙긴다.
- 체육 수업이 있는 날에는 체육복을 가져간다.

7
어떻게 가는지 길을 묻는 친구에게

이렇게 말해보자!

친구들끼리 만나기로 한 장소를 나중에 오는 친구에게 설명해준다든지, 친구에게 나만 알고 있는 지름길을 알려준다든지 할 때 종종 길을 설명해야 하는 경우가 있어. 이럴 때 설명을 잘하면 친구가 길을 헤매지 않고 찾아오기 더 쉬울 거야. 먼저 출발지와 도착지를 정확히 안내하고, 그 사이에 있는 대표적인 건물 등의 랜드마크를 알려주자. 걸어서 몇 분 정도 걸리는지, 몇 미터 거리인지 등의 정확한 정보를 전달하면 더욱 좋아. 정확하지 않은 나의 느낌이나 희미한 기억으로 설명하면 안 돼!

 아래의 내용을 감정 변화 없이 차분한 말투로 말해보자.
더 하고 싶은 말이 있으면 덧붙여도 좋아!

> **학교 후문 앞에 편의점** 있잖아.
> 거기서 **횡단보도 건넌 다음에 쭉 5분만 걸어오면** 돼.
> 그럼 **횃불 모양의 동상**이 하나 있거든.
> **동상을 끼고 왼쪽으로 돌아 10m 정도 걸으면 돼.**

'랜드마크'에 대해 생각해볼까?

랜드마크가 있으면 길을 찾기 쉬워. 우리 지역에는 어떤 랜드마크가 있는지 생각해보자.

> **랜드마크(landmark)**
> 어떤 지역을 대표하거나 구별하게 하는 표지.

예
- 쌍둥이 건물
- 귀여운 판다 조형물

8

나를 의심하는 친구에게

이렇게 말해보자!

학용품이나 액세서리 중에 인기 있는 제품은 똑같은 것을 가지고 있는 친구들이 많을 수 있어. 자기 물건에는 이름을 꼭 써야 해. 그래야 서로 헷갈리거나 의심하는 상황을 미리 막을 수 있거든. 물건을 가져갔다는 의심을 받으면 누구나 속상하고 불쾌해. 그 상태로 있으면 계속 찜찜하니까 차분하고 분명하게 내 물건임을 밝혀서, 친구가 더 이상 의심하지 않도록 해주자. 내 것이라는 사실을 입증할 수 있는 근거와 이유를 들어서 말하면 좋아. 그러면 친구도 나를 의심해서 미안하다고 사과할 거야.

 아래의 내용을 감정 변화 없이 차분한 말투로 말해보자.
더 하고 싶은 말이 있으면 덧붙여도 좋아!

> 이거 내 펜 맞아.
> 나는 2교시 이후로 필통을 아예 안 꺼냈어.
> 그리고 내 펜 뚜껑들은 자세히 보면 끝이 뭉뚝해.
> 내 동생이 나 몰래 가지고 놀다가 깨물어서 그래.

'의심'에 대해 생각해볼까?

무언가 확실하지 않거나 아는 게 없으면 의심이 생길 수밖에 없어. 내가 의심했던 친구나 상황이 있었는지 떠올려보고, 확실하지 않았던 것들을 생각해보자.

의심(疑心)
확실히 알 수 없어서 믿지 못하는 마음.

예 • 친구가 내 자전거를 빌려 달라고 했을 때 이사 온 지 얼마 안 된 친구라서 의심했다.

자신의 의견이나 감정을 표현해야 할 때는 '솔직이'로 진실하게 말하는 것이 좋아. 나와 다른 의견을 내고, 다른 감정을 느끼는 사람도 있지만 나의 의견과 감정은 오롯이 나의 것이야. "정말 기뻐!", "마음이 불편해", "부담 돼"와 같이 솔직하게 감정을 드러내고 "와!/어머!/정말?/에휴…." 이런 감탄사도 사용해봐. 또 평소에 감정이 담긴 표정과 목소리로 "좋아/싫어", "하고 싶어/하고 싶지 않아"와 같은 방법으로 말하는 연습을 하자.

PART 4

'솔직이'로 감정 표현하며 말하기

솔직이의 장점은 자신의 의견과 감정을 잘 드러내고 표현하는 거야. 기쁘거나 슬플 때는 그때 느끼는 감정을 말해주고, 친구에게 서운하거나 불편한 마음이 들 때는 속으로 숨기지 말고 솔직하게 자신의 의견을 말해야 해. 그럼, 어떤 상황에서 솔직이처럼 말해야 하는지 한번 연습해볼까?

외모나 옷차림을 놀리는 친구에게

> **이렇게 말해보자!**

다른 사람이 옷차림이나 겉모습을 보고 웃으며 놀린다면 누구나 기분이 좋지 않아. 외모나 옷차림 등은 그 사람의 일부일 뿐, 전부가 아니야. 누군가의 겉모습을 내 멋대로 평가하고 상대에게 상처를 주는 말을 해서는 안 돼. 우리 모두 이런 말과 행동을 하지 않게 조심하자. 또, 이런 놀림을 들었다면 휘둘리지 말고 솔직하게 "듣기 불편해"라고 내 마음을 표현하자.

 아래의 내용을 상황에 맞는 감정과 목소리로 말해보자.
더 하고 싶은 말이 있으면 덧붙여도 좋아!

너희가 그렇게 말하는 거 **나는 듣기 불편해.**
내가 보기에는 괜찮거든.
내 마음에만 들면 돼.

> **'겉모습'에 대해 생각해볼까?**

사람을 외모나 겉모습만 보고 판단했던 적은 없는지 떠올려보고, 겉으로 드러나 보이는 모습에는 어떤 것들이 있는지 생각해보자.

겉모습
겉으로 드러나 보이는 모습.

예
- 옷차림
- 키
- 피부 색깔
- 헤어 스타일
- 휠체어를 탄 모습

나를 약 올리는 친구에게

이렇게 말해보자!

사람은 모든 걸 다 잘할 수는 없어. 잘하는 것도 있고, 잘하지 못하는 것도 있지. 잘하지 못하는 것은 스스로 노력해서 보완하면 돼. 그러니 친구가 무언가를 잘하지 못한다고 해서 약 올리거나 비꼬면 안 돼. 특히 글씨를 못 쓰는 것은 누구에게 피해를 주는 일이 아니기 때문에 놀려서도 안 되고, 놀림을 받았다고 주눅 들 필요도 없어. 친구가 나에 대해 평가하거나 약 올리는 것에 대해 "듣기 싫어"라고 솔직하게 내 뜻을 표현하자.

 아래의 내용을 상황에 맞는 감정과 목소리로 말해보자.
더 하고 싶은 말이 있으면 덧붙여도 좋아!

> 내 글씨 가지고 뭐라고 하는 거,
> **나는 듣기 싫거든.**
> 내가 글씨를 못 쓰든 아니든 너하고는 상관없잖아.

'장점'에 대해 생각해볼까?

'단점'을 무리하게 고치려고 하거나 지나치게 신경 쓰면 오히려 역효과가 날 수 있어. '장점'에 집중하고 실력을 키울수록 자신감이 더 생기고 좋은 결과가 따라오게 돼. 과연 나의 장점은 무엇인지 생각해보자.

장점(長點)
좋거나 잘하거나 긍정적인 점.

예
- 정리 정돈을 잘한다.
- 책을 많이 읽는다.
- 달리기를 잘한다.
- 시간을 잘 지킨다.

은근슬쩍 사달라고 조르는 친구에게

이렇게 말해보자!

즐거운 마음으로 뭔가를 사주는 것은 친구를 사귀는 방법 중 하나야. 하지만 한쪽에서만 돈을 쓰거나 물건을 사주는 관계는 오래가지 못해. 건강한 친구 사이라고 볼 수 없지. 친구가 조른다고 해서 습관적으로 돈을 쓰다 보면, 처음에는 친구가 좋아하고 고마워하겠지만 나중에는 당연하게 여기게 될 거야. 진정한 친구가 아니라 '나에게 돈을 잘 쓰는 친구'로 인식될 수 있어. 나아가 '언제든 조르면 사주는 친구'라고 생각한다면 정말 큰일이지. 나만 계속 사주고 있다거나, 사줄 때 마음이 불편하고 스트레스를 받는다면 솔직하게 "각자 사 먹자"라고 말하자.

아래의 내용을 상황에 맞는 감정과 목소리로 말해보자.
더 하고 싶은 말이 있으면 덧붙여도 좋아!

> 지난번에 내가 사준 적 있잖아.
> 자꾸 그러면 **내가 부담스럽고 곤란해.**
> 우리 각자 사 먹는 게 좋겠어.

'계산'에 대해 생각해볼까?

때로는 친구에게 사주고 싶어서 내 용돈으로 계산할 때도 있어. 기쁜 마음으로 기꺼이 사주는 것은 좋은 일이야. 한 달에 몇 번 또는 얼마의 금액이면 내가 사주는 게 부담되지 않는지 생각해보자.

계산(計算)
수를 헤아림. 값을 치름

- 한 달에 한 번, 2천 원 정도
- 한 달에 세 번, 5천 원 이하

싫은 부탁을 하는 친구에게

> **이렇게 말해보자!**

친구끼리 서로 부탁하거나 부탁을 들어줄 수 있어. 가장 중요한 것은 '자신의 마음'이야. 친구의 부탁을 들어주고 싶은지 먼저 생각해봐. 내가 들어줄 수 없는 무리한 부탁이나 싫은 부탁은 거절해도 돼. 친구의 부탁을 항상 들어줘야 하는 건 아니야. 친구에게 미안한 마음에 어쩔 수 없이 부탁을 들어줬다가 나중에 일이 잘못되면 서로 기분이 상하고 친구 관계까지 안 좋아질 수 있어. 그리고 부탁을 자꾸 들어주면 친구는 나에게 계속 의존하게 돼. 부탁을 들어주기 전에는 항상 내가 하고 싶은 일인지, 내가 할 수 있는 일인지를 잘 생각해봐.

 아래의 내용을 상황에 맞는 감정과 목소리로 말해보자.
더 하고 싶은 말이 있으면 덧붙여도 좋아!

> 소라야, 네 숙제니까 **내가 대신 하고 싶지 않아.**
> **내 마음이 불편하거든.**
> 문제 풀다가 모르는 게 있으면 얘기해. 알려줄게.

> **'거절'에 대해 생각해볼까?**

거절은 어른들도 하기 힘든 일이야. 하지만 모든 부탁을 들어줄 수는 없기 때문에 때로는 솔직하게 거절할 수 있어야 해. 거절해야 할 때 나의 마음이 어떨지 생각해보자.

거절(拒絕)
상대편의 요구, 제안, 선물, 부탁 따위를 받아들이지 않고 물리침.

예
- 불편하고 부담스럽다.
- 회피하고 싶다.
- 미안하다.

하기 싫은 것을 강요하는 친구에게

이렇게 말해보자!

모둠 활동에서 각자 하고 싶은 역할이나 잘하는 역할이 다를 수 있어. 하지만 모두 자기가 하고 싶은 역할만 할 수는 없지. 때로는 하기 싫은 역할을 맡아도 모둠을 위해 참고 배려할 때가 있을 거야. 그런데 정말로 자신이 없거나 속상한 마음이 든다면 용기를 내서 솔직하게 어떤 역할을 하고 싶은지 말하자. 명령하듯이 강요하는 친구에게도 불편한 마음을 표현해야 해. 매번 억지로 하면 모둠 활동을 잘하고 싶은 마음도 사라지고 대충 하게 될 테니까 말이야. 친구들과 대화해보고, 각자 하고 싶은 역할을 돌아가면서 하는 방법도 생각해보자.

 아래의 내용을 상황에 맞는 감정과 목소리로 말해보자.
더 하고 싶은 말이 있으면 덧붙여도 좋아!

> 해원아, 난 그림을 잘 못 그리는데
> **강요하는 건 싫어.**
> **밑그림 대신 다른 거 하고 싶어.**

'강요'에 대해 생각해볼까?

사실 무언가를 강요받으면 기분이 좋지 않아. 자발적으로 하고 싶은 마음도 사라지지. 강요받으면 더 하기 싫은 것들을 생각해보자.

강요(強要)
억지로 또는 강제로 요구함.

예
- 반찬을 여러 번 꼭꼭 씹어먹으라는 것
- 수업 듣고 필기를 잘하라는 것
- 맏이니까 동생에게 무조건 양보하라는 것

자기 생각만 고집하는 친구에게

이렇게 말해보자!

모둠 활동을 할 때는 어느 한 사람이 아니라 모든 사람의 의견을 들어봐야 해. 다른 의견을 들어보지도 않고 자신의 말이 맞다고 주장하거나 자기 뜻대로 진행하는 것은 고집을 부리는 거야. 생각과 의견은 사람마다 다를 수 있지만 무조건 "내가 맞아"라고 고집을 부리면 다툼이 생기게 돼. 친구의 의견을 존중하되 모둠 활동은 '함께하는' 활동이라는 것을 알려주고, 다른 친구들의 의견도 골고루 들어보도록 하자.

 아래의 내용을 상황에 맞는 감정과 목소리로 말해보자.
더 하고 싶은 말이 있으면 덧붙여도 좋아!

> 네 생각도 알겠어.
> 그런데 우리 다섯 명이 모둠 활동을 하는 거잖아.
> **모둠 친구들의 의견을 다 듣고 결정하고 싶어.**

'고집'에 대해 생각해볼까?

살면서 때로는 고집을 부릴 때도 있어. 아마 친구나 부모님에게 고집을 부렸던 일이 가끔은 있었을 거야. 고집을 부렸던 일이 무엇이었는지 생각해보자.

고집(固執)
자기의 의견을 바꾸거나 고치지 않고 굳게 버팀. 또는 그렇게 버티는 성미.

예
- 날씨와 안 맞는 옷을 무조건 입겠다고 고집을 부렸다.
- 놀이할 때 항상 내가 먼저 하겠다고 했다.

내 물건을 자꾸 빌려 가는 친구에게

> **이렇게 말해보자!**

자기 물건은 안 가져오고 습관적으로 빌려 쓰는 친구들이 있어. 집에서 가져오기가 귀찮거나 깜박해서일 거야. 하지만 내 물건이 소중한 만큼 친구의 물건도 소중하다는 생각을 가져야 해. 습관적으로 물건을 빌리는 것은 친구에게 불편을 주는 행동이야. 반복적으로 내 물건을 빌려 쓰는 친구가 있다면 "다음에는 네 것을 가져오면 좋겠어"라고 말하자. 또, 혹시라도 잃어버리는 일이 생길 수 있으니 소중한 물건은 집에 두고 오는 것이 좋아.

🎤 아래의 내용을 상황에 맞는 감정과 목소리로 말해보자.
더 하고 싶은 말이 있으면 덧붙여도 좋아!

> 오늘은 이 연필 빌려줄게.
> 그런데 자꾸 이렇게 빌려가는 게 **당황스럽고**,
> 내가 아끼는 건데 혹시라도 잃어버릴까 봐 **불안해**.
> **다음부터는 필통을 가지고 다니면 좋겠어**.

> **'습관'에 대해 생각해볼까?**

좋은 습관과 나쁜 습관이 있어. 좋은 습관은 계속 유지하고, 나쁜 습관은 이제부터라도 조금씩 고쳐 나가야 해. 내가 가진 좋은 습관과 나쁜 습관을 한 가지씩 생각해보자.

습관(習慣)
어떤 행위를 되풀이하는 과정에서 저절로 익혀진 행동 방식.

예
- 아침에 이부자리 정리하는 좋은 습관
- 밥 먹을 때 스마트폰 보는 나쁜 습관

갑자기 약속을 취소하는 친구에게

> **이렇게 말해보자!**

약속을 자주 취소하는 친구는 신뢰하기 어려워. 그래서 사소한 약속이라도 꼭 지키려고 노력해야 해. 아마 일부러 약속을 취소하는 사람은 없을 거야. 갑자기 사정이 생겨서 어쩔 수 없는 경우가 많고, 그럴 때는 너그러운 마음으로 이해해줄 수 있어. 하지만 그렇다고 해도 갑자기 약속을 취소 당하면 누구나 속상하고 당황스러워. 이때 친구에게 서운한 마음을 표현하고 "다음에는 미리 말해주면 좋겠다"라고 솔직하게 말하자. 그렇지 않으면 또다시 이런 일이 생길 수 있으니까!

 아래의 내용을 상황에 맞는 감정과 목소리로 말해보자.
더 하고 싶은 말이 있으면 덧붙여도 좋아!

> 계속 기다렸는데 갑자기 취소하니까 지금
> **당황스러워… 좀 속상하네.**
> 너도 어쩔 수 없는 사정이 있겠지만,
> **다음에는 미리 말해주면 좋겠어.**

> **'약속'에 대해 생각해볼까?**

약속을 잡을 때는 신중하게 해야 해. 지키지 못하면 친구 사이에 믿음이 깨지니까. 그렇다면 약속을 잘 지키기 위해서는 어떤 노력을 해야 하는지 생각해보자.

약속(約束)
다른 사람과 앞으로의 일을 어떻게 할 것인가를 미리 정하여 둠.

예
- 지킬 수 있는 약속인지 한 번 더 확인한다.
- 약속이 바뀔 수 있다면 미리 친구에게 말한다.

사과 받았지만 아직 화해하기 싫은 친구에게

> 이렇게 말해보자!

친구가 사과를 했다면 진심으로 자신의 잘못이나 실수를 인정하고 뉘우치고 있는 거야. 사과를 하는 게 창피하거나 자존심이 상한다고 생각해서 자기가 잘못했는데도 사과를 안 하는 친구도 있거든. 친구가 용기를 내서 사과하면 고마운 마음도 들지만, 솔직히 마음이 다 풀리지 않을 수도 있어. 그럴 때는 시간이 조금 더 필요한 거야. 하지만 시간이 오래 지나면 사이가 더 서먹해지고 화해하기 어려우니까, 가능하면 빨리 화해하는 것이 좋아. 친구를 원망하거나 미워하는 마음을 스스로 다독이고, 조금 너그러운 마음을 가져봐.

 아래의 내용을 상황에 맞는 감정과 목소리로 말해보자.
더 하고 싶은 말이 있으면 덧붙여도 좋아!

내가 아직은 말하기가 싫어. 저번에 사과해줘서 고마운데, **난 시간이 조금 더 필요해.**
마음이 풀리면 다시 말 걸게.

> '화해'에 대해 생각해볼까?

친구에게 안 좋은 감정을 가지고 있으면 학교생활도 불편하고 마음이 힘들어져. 친구와 화해하면 좋은 점, 다시 친하게 지내면 좋은 점들을 생각해보자.

화해(和解)
싸움하던 것을 멈추고 서로 가지고 있던 안 좋은 감정을 풀어 없앰.

예
- 등하교를 같이 할 수 있다.
- 쉬는 시간에 장난칠 수 있다.

대화에 끼고 싶은 친구들에게

> **이렇게 말해보자!**

친구들 무리에 끼어서 같이 대화하려면 적극적인 자세가 필요해. 가까이 다가가서 친구들이 하는 이야기를 귀기울여 듣고, 그 주제에 대해 질문을 하거나 한마디 덧붙여보자. 자연스럽게 대화에 낄 수 있을 거야. 또, 솔직하게 "같이 대화하고 싶어"라고 말해야 해. 친구들이 먼저 나에게 말을 걸어주기를 기다리거나 우물쭈물하며 소극적인 모습만 보인다면 어울리기 힘들어. 서로 알아가면서 친해지는 거니까 적극적으로 다가가 봐. 혹시 그 친구들이 나와 거리를 두거나 거절해도 너무 상처 받지 말고. 나와 맞는 친구는 분명히 있으니까, 다른 친구들을 사귀면 돼.

 아래의 내용을 상황에 맞는 감정과 목소리로 말해보자.
더 하고 싶은 말이 있으면 덧붙여도 좋아!

강아지 얘기하는 거야? 나도 키우고 싶은데~
얘기 들어도 돼?
나도 같이 대화하고 싶어.

> **'대화'에 대해 생각해볼까?**

친구들과의 대화는 학교생활을 즐겁게 만드는 윤활유와 같아. 대화를 잘하기 위해 내가 어떤 노력을 하면 좋을지 생각해보자.

대화(對話)
마주 대하여 이야기를 주고받음. 또는 그 이야기.

예
- 웃는 얼굴로 다가간다.
- 공통점을 찾는다.
- 친구의 관심사에 대해 질문을 준비한다.

상대와 타협하거나 상대의 의견을 받아들여야 할 때는 '끄덕이'로 한발 물러서서 말하는 것이 좋아. 모든 것을 내 뜻대로만 할 수는 없거든. 내 생각이나 의견을 말하기 전에 상대의 상황과 반응을 먼저 살피도록 해. "~해도 될까?", "어떻게 할까?", "그렇게 할게", "그렇게 하지 뭐"와 같은 방법으로 말하는 연습을 하자.

PART
5

'끄덕이'로 양보하며 말하기

끄덕이의 장점은 친구들에게 잘 맞춰주고 양보하며 말하는 거야. 내 주장을 펼쳐야 할 때도 있지만 때로는 다른 사람의 말을 따라줘야 할 때도 있어. 그럼, 어떤 상황에서 끄덕이처럼 말해야 하는지 한번 연습해볼까?

사과를 받아주지 않는 친구에게

> **이렇게 말해보자!**

사과는 내가 잘못한 말과 행동에 대해 인정하는 아주 멋지고 겸손한 태도야. 사과를 하는 게 창피하거나 자존심이 상한다고 생각해서 자신이 잘못했는데도 사과를 안 하는 친구도 있다고 했잖아. 내가 용기 있게 사과를 했다면 친구도 긍정적으로 생각하고 있을 거야. 다만 친구가 마음이 상해서 시간이 조금 필요할 수 있어. 친구의 반응이 없다고 '사과하는데 왜 안 받아줘?'라고 태도를 바꾸기보다는 진심으로 미안해하며 기다리자. 친구가 결국 사과를 받아주지 않아도 어쩔 수 없어. 친구의 선택이니까. 하지만 진심이 통했다면 우정을 이어갈 수 있을 거야.

아래의 내용을 조심스러운 태도와 수긍하는 말투로 말해보자.
더 하고 싶은 말이 있으면 덧붙여도 좋아!

> 미안해. 내가 사과할게. 다음부터는 안 그럴게.
> 마음이 풀릴 때까지 내가 기다릴게.
> 다시 사이좋게 지냈으면 좋겠어.

> **'사과'에 대해 생각해볼까?**

사과는 하는 것과 받아주는 것, 모두에게 참 어려운 일이야. 하지만 관계는 이런 성장통을 겪으면서 더 끈끈하고 성숙해지지. 사과할 때의 감정과 사과 받을 때의 감정이 어떤지를 생각해보자.

사과(謝過)
자기의 잘못을 인정하고 용서를 빎.

 • 사과할 때 : 창피하다, 억울하다 등
  • 사과 받을 때 : 어색하다, 원망스럽다, 밉다 등

2

멀어지는 느낌이 드는 친구에게

> **이렇게 말해보자!**

나를 대하는 친구의 태도가 예전과 달라졌다고 느낄 때가 있어. 친했던 친구가 갑자기 멀어지는 느낌이 들면 불안하기도 하고 걱정돼. 혹시 둘만 아는 일 중에 친구가 서운하다고 생각할 만한 게 있는지 곰곰이 생각해봐. 나도 모르게 친구의 기분을 상하게 하거나 실수한 것이 있을지도 몰라. 이대로 두면 둘 사이가 어색하고 더 멀어질 수 있으니 도저히 모르겠으면 친구에게 조심스럽게 물어보자. 항상 친구의 기분을 살피고 관심을 가지는 것도 우정을 지키는 방법이라는 걸 기억해!

 아래의 내용을 조심스러운 태도와 수긍하는 말투로 말해보자.
더 하고 싶은 말이 있으면 덧붙여도 좋아!

나한테 서운한 거 있어? 혹시 내가 무슨 실수했니?
나는 우리가 계속 잘 지냈으면 좋겠는데
속으로 서운한 게 있으면 얘기해줘.

> **'서운함'에 대해 생각해볼까?**

서운함은 소중하게 생각하는 사람에게 느끼는 감정이야. 상대에게 기대하는 것도 없고, 소중하게 생각하지 않는다면 별로 신경이 안 쓰이거든. 친구나 가족이 나에게 서운함을 느낀다면 무엇 때문일지 생각해보자.

서운하다
마음에 모자라 아쉽거나 섭섭한 느낌이 있다.

예
- 가족한테는 단답으로 문자를 보낸다.
- 친구에게 살짝 짜증 내면서 말했다.

기분이 안 좋아 보이는 친구에게

> **이렇게 말해보자!**

자기중심으로 말하고 행동하는 친구는 다른 사람의 기분을 살피지 않아. 다른 사람보다 자신을 더 중요하게 여기기 때문이지. 반대로, 친구의 기분이 안 좋아 보이는 것을 빠르게 알아차리고 신경 써주는 것은 나보다 다른 사람의 상황을 먼저 생각하는 멋진 모습이야. 친구의 기분이 안 좋아 보인다면 이유를 조심스럽게 물어보자. 다만 물어봐도 대꾸가 없거나 힘없이 반응하면 잠시 내버려두는 것이 좋아. 기분이 풀릴 때까지 혼자만의 시간이 필요할 수 있어.

🎙 아래의 내용을 조심스러운 태도와 수긍하는 말투로 말해보자.
더 하고 싶은 말이 있으면 덧붙여도 좋아!

> 오늘따라 말이 없네.
> 기분이 안 좋은 것 같아….
> 혹시 무슨 일이라도 있어?

> **'신경'에 대해 생각해볼까?**

다른 사람의 기분을 빨리 파악하거나 때에 맞게 주어진 상황을 알아차리는 능력은 의사소통에서 매우 중요해. 상황이나 사람을 세심하게 살피고 행동했던 일들을 생각해보자.

신경(神經)
몹시 세심하게 살피거나 마음을 씀.

 • 친구가 평소보다 흥분하며 말하길래 옆에 가만히 있었다.
• 한숨을 쉬고 표정이 안 좋은 엄마가 화난 것을 알고 조용히 방으로 들어갔다.

같이 찍은 사진을 올리지 말라는 친구에게

이렇게 말해보자!

친구와 찍은 사진을 카톡 프로필이나 SNS에 올리곤 해. 내 모습을 그린 그림이나 사진에 대한 권리를 '초상권'이라고 하거든. 프랑스에서는 이 초상권을 중요하게 생각해서, 부모가 자녀의 사진을 SNS에 올릴 때도 자녀의 동의를 받아야 한다는 법안을 논의하고 있어. 그러니 친구의 얼굴이 나온 사진을 온라인에 올리고 싶을 때는 먼저 친구에게 동의를 받아야 해. 나는 괜찮지만 친구는 못 나왔다고 생각할 수 있어. 어떤 이유에서든 친구가 싫다고 하면 올리지 않는 것이 맞아. 친구가 동의해주지 않을 때 조금 속상할 수는 있지만 "알겠어. 안 올릴게."라고 한발 물러서는 것이 진정으로 멋진 모습이야.

 아래의 내용을 조심스러운 태도와 수긍하는 말투로 말해보자.
더 하고 싶은 말이 있으면 덧붙여도 좋아!

> 아… 그래? 내가 볼 땐 너도 괜찮은데.
> 알았어. 네가 맘에 안 들면 안 올릴게.

'초상권'에 대해 생각해볼까?

카톡 프로필이나 SNS에 올린 지난 사진들을 보고 같이 찍은 사람에게 동의를 얻었는지 떠올려봐. 또, 앞으로 동의를 구할 때 어떻게 말할지 생각해보자.

초상권(肖像權)
자기의 초상에 대한 독점권. 자기의 초상이 승낙 없이 전시되거나 게재되었을 경우에는 손해 배상을 청구할 수 있다.

예 • 너랑 같이 찍은 사진 내 SNS에 올려도 돼?

내 부탁을 거절하는 친구에게

> **이렇게 말해보자!**

친구에게 무언가를 해달라고 부탁하거나 요청해야 할 때가 있어. 친구가 부탁을 들어주기도 하지만, 때로는 안 된다고 거절하기도 해. 나 역시 누군가의 부탁을 들어줄 때도 있고, 거절할 때도 있는 것처럼 말이야. 사실 거절당하면 속상하고 부끄러운 마음이 들어. 하지만 친구는 '나의 존재'를 거절한 것이 아니라 '나의 부탁'을 거절한 것이니까 너무 서운해하거나 아쉬워하지 마. 거절을 담담하게 받아들여야 마음이 편해져. 여러 사람과 함께 공동체 생활을 할 때는 "그렇구나. 그래, 알겠어."라고 수긍하는 태도가 필요할 때도 있거든.

 아래의 내용을 조심스러운 태도와 수긍하는 말투로 말해보자.
더 하고 싶은 말이 있으면 덧붙여도 좋아!

> 아, 그렇구나. 그래, 알겠어.
> 그럼 내가 저쪽으로 갈게.

> **'부탁'에 대해 생각해볼까?**

그동안 내 부탁을 상대가 거절했을 때 어떻게 했는지 떠올려보자. 앞으로는 어떤 태도로 받아들일 것인지도 생각해보자.

부탁(付託)
어떤 일을 해 달라고 청하거나 맡김. 또는 그 일거리.

예
- 한 번만 들어 달라고 졸랐다.
- 치사하다고 친구에게 화냈다.
- 앞으로는 친구의 결정을 존중하는 태도로 받아들이겠다.

내 실수에 기분 나빠하는 친구에게

> **이렇게 말해보자!**

점심시간에 밥을 먹다 보면 국을 흘린다거나 음료를 쏟는 일이 종종 생겨. 쏟아진 음식물이 친구의 얼굴이나 옷에 튄다든지, 테이블이 더러워지면 당혹스럽고 친구도 기분이 좋지 않을 거야. 친구가 "괜찮아"라고 이해해주면 다행이지만 기분 나쁜 티를 내더라도 발끈하면 안 돼. 내가 조심성이 부족해서 실수한 거니까 받아들이자. 친구에게 피해를 준 것에 대해 미안해하는 모습을 보이고 친구의 마음을 풀어줘야 해. "다음에는 조심할게"라고 말하고 얼른 그 상황을 마무리 지을 수 있는 행동을 찾아서 하자.

 아래의 내용을 조심스러운 태도와 수긍하는 말투로 말해보자.
더 하고 싶은 말이 있으면 덧붙여도 좋아!

> **미안해. 휴지 갖고 와서 내가 얼른 닦을게.**
> **다음에는 조심할게.**

> **'조심성'에 대해 생각해볼까?**

조심성이 없으면 본의 아니게 다른 사람에게 피해를 줄 수 있어. 조심성을 키울 수 있는 방법을 생각해보자.

조심성(操心性)
잘못이나 실수가 없도록 말이나 행동에 마음을 쓰는 성질이나 태도.

예
- 국을 그릇에 가득 담지 않는다.
- 액체 음료수는 뚜껑을 꽉 닫는다.
- 걸을 때 앞과 옆을 잘 보고 다닌다.

말할 때 끼어든다고 정색하는 친구에게

이렇게 말해보자!

사람의 귀는 두 개이지만 입은 하나인 이유가 뭘까? '듣기를 많이 하고 말하기는 적게 하라'는 의미가 있다고 해. 하지만 보통 사람들은 남의 이야기를 듣는 것보다 자기가 말하는 것을 좋아하지. 그래서 종종 친구의 말을 자르고 내 이야기를 시작하는 일이 생겨. 이렇게 불편하게 끼어들게 되면 말을 하던 친구는 기분이 상해서 정색할 수 있어. 이런 일이 생긴다면 성급했던 나 자신을 인정하고 친구에게 미안한 마음을 전하자. 그리고 "네 얘기 다 듣고 말할게"라고 하면 돼. 앞으로는 의식적으로 친구의 이야기를 경청하려고 노력해보면 좋겠어.

 아래의 내용을 조심스러운 태도와 수긍하는 말투로 말해보자.
더 하고 싶은 말이 있으면 덧붙여도 좋아!

> 아, 그렇구나. 미안.
> 내가 너무 성급했네.
> 네 얘기 다 듣고 말할게.

'경청'에 대해 생각해볼까?

다른 사람의 말을 자르거나 끼어들지 않기 위해서는 경청하는 태도가 필요해. 앞으로 어떻게 경청할 것인지 실천 방법을 생각해보자.

경청(傾聽)
귀를 기울여 들음.

예
- 친구의 눈을 똑바로 쳐다보며 이야기를 듣는다.
- 친구가 말할 때 맞장구를 치며 듣는다.
- "얘기 끝난 거야?"라고 확실하게 확인한 후 내 이야기를 한다.

8 내 협조를 구하는 친구에게

> **이렇게 말해보자!**

친구들과 다 함께 단체로 해야 하는 일들이 있어. 대청소도 그런 일 중 하나야. 학생들이 다 같이 쓰는 공간이니까 서로 힘을 합쳐 깨끗하게 청소를 해야 해. 각자 청소할 구역을 맡아서 하다 보면 누구는 능숙하게 빨리 끝내고, 누구는 조금 서툴러서 늦게 끝내는 경우가 있어. 이럴 때 빨리 끝낸 사람이 다른 구역을 도와주면 청소를 더 빠르게 끝낼 수 있지. 물론 내 할 일은 다 했는데 또 시키면 내심 불만이 생길 수 있어. 하지만 때로는 불만을 드러내지 말고 요청에 협조하자. 내 의견을 내세우는 것도 중요하지만, 학급 전체를 위해서 주변에 맞추는 것도 여러 사람이 함께 생활할 때 필요한 자세야.

🎙️ 아래의 내용을 조심스러운 태도와 수긍하는 말투로 말해보자.
더 하고 싶은 말이 있으면 덧붙여도 좋아!

알았어, 반장. 내가 하지 뭐.
그렇게 할게.

> **'협조'에 대해 생각해볼까?**

힘을 합하면 일을 더 빨리 끝낼 수 있어. 결과도 더 좋을 확률이 높지. 내가 친구에게 협조했던 경험 또는 다른 사람이 나에게 협조했던 경험을 생각해보자.

협조(協調)
힘을 합하여 서로 조화를 이룸.

 • 모둠 활동할 때 가위질을 못 하는 친구의 역할을 바꿔주었다.
• 음악 시간에 내 노래에 맞춰서 친구가 악기를 연주해주었다.

부록 1 　낮은 성격 캐릭터 강화법

　성격 유형 에고그램 진단 결과, 가장 낮은 점수가 나온 캐릭터는 무엇이었나요? 가장 낮은 점수에 해당하는 캐릭터의 역량을 높이기 위해서는, 아래의 말과 행동을 열심히 연습해야 해요. 평소에 연습해 두지 않으면 해당 캐릭터를 사용해 소통해야 하는 상황에서 적절한 말이 나오지 않거든요. 낮은 성격 캐릭터를 강화하는 구체적인 방법들을 꾸준히 실천해보세요.

화끈이	포용이	침착이	솔직이	끄덕이
약속과 규칙을 잘 지켜요.	동생이나 친구들에게 상냥하게 말해요.	눈물이 나도 울지 말고 내 생각을 말해요.	그림, 음악, 춤, 책, 영화 등 예술에 관심을 갖고 즐겨요.	다른 사람이 말할 때 귀 기울여 들어요.
주어진 일이 있을 때 확실히 해내요.	속상해하는 친구에게 "괜찮아"라고 격려해요.	계획을 잘 세운 다음 그대로 실천해요.	자연 속에서 뛰어놀아요.	친구나 다른 사람이 나를 좋아하도록 노력해요.
책임감을 갖고 행동해요.	상대방 입장에서 생각해보고 말해요.	용돈은 계획적으로 써요.	속상했던 일을 너무 오랫동안 생각하지 않아요.	하고 싶은 말이나 행동이 있어도 참아요.
꼭 이루고 싶은 목표를 세워요.	친구의 좋은 점에 대해 이야기해줘요.	내가 아닌 다른 사람들의 입장에서 생각해봐요.	다양한 것에 호기심을 가져요.	항상 다른 사람에게 양보하고 배려해요.

목표를 이루기 위해 노력해요.	친구에게 용기를 북돋워줘요.	무엇이든 계획을 세운 다음 행동해요.	생각을 하면 곧장 행동으로 옮겨요.	다른 사람이 나를 어떻게 생각할지 신경 써요.
해야 하는 일은 꼭 끝까지 마쳐요.	동생이나 반려동물에게 스킨십을 해줘요.	어떤 일이 실제로 일어날 수 있을지 예측해봐요.	적극적인 태도로 생활해요.	나와 다른 의견도 순수하게 들어줘요.
등을 꼿꼿이 펴고 다녀요.	애정을 가지고 사람들을 대해요.	실제로 있었던 일인지 생각하는 습관을 가져요.	마음 내키는 대로 하고 싶은 일을 해요.	다툼이나 갈등을 일으키는 일은 하지 않아요.
친구가 좋지 않은 행동을 하면 주의를 줘요.	누구에게나 친절하게 대하도록 노력해요.	친구들과 의견을 정할 때 찬성과 반대 의견을 모두 물어요.	내가 느끼는 감정을 그대로 나타내요.	세세한 것까지 신경을 쓰며 행동해요.
좌우명을 만들어요.	다른 사람이 말할 때 친근감 있게 들어요.	너무 감정적으로 행동하지 않도록 주의해요.	학급 친구들과 두루 어울리며 친하게 지내요.	불만이 있더라도 표시 내지 않고 참아요.
다른 사람이 내린 평가를 확실하다고 여겨요.	친구에게 부탁을 받으면 기분 좋게 들어줘요.	육하원칙 (누가, 언제, 어디서, 무엇을, 어떻게, 왜)으로 질문해요.	명랑하고 활기찬 어린이로 지내요.	다른 사람이 결정한 것에 따라줘요.
동작이나 행동을 시원스럽게 해요.	동생과 친구들을 잘 보살펴줘요.	너무 빨리 말하지 말고 침착하게 이야기해요.	내 의견을 적극적으로 주장해요.	다른 사람을 의식하면서 도덕적인 행동을 해요.
옳고 그른 것을 구분하려고 노력해요.	봉사활동에 열심히 참여해요.	모둠 친구들과 해야 할 일의 양이 똑같은지 따져요.	긍정적으로 생각하고 행동해요.	내 감정보다는 친구나 다른 사람의 기분을 맞춰줘요.

 **성격 유형별 하루 한마디 연습**

화끈이

규칙을 지키지 않는 친구에게
"규칙은 지켜야 해!"
"규칙을 어기면 안 돼!"
"번갈아 가면서 하자!"

갑자기 새치기를 하는 친구에게
"새치기는 안 돼!"
"새치기하지 마!"
"차례를 지키자!"

떠들고 수업을 방해하는 친구에게
"수업 시간에는 조용히 해야 돼."
"수업 시간에 떠들지 마!"
"조금만 목소리를 낮춰줘."

모둠 활동을 성의 없이 하는 친구에게
"모둠 활동은
다 같이 책임지고 해야 해."
"모둠 활동을 책임감 있게 하자!"

빌려 간 물건을 돌려주지 않는 친구에게
"빌린 물건은 꼭 돌려줘야 돼."
"빌려 간 물건은 꼭 돌려줘!"

툭툭 건드리면서 말하는 친구에게
"자꾸 툭툭 치면서 말하지 마."
"아프니까 치지 마!"
"툭툭 치지 말고 말해!"

내가 싫어하는 별명을 자꾸 부르는 친구에게
"내 이름 그렇게 부르지 마."
"별명 말고 내 이름을 불러!"

나쁜 행동을 부추기는 친구에게
"같이 하자고 부추기지 마."
"그런 행동은 하지 마!"

뒤에서 내 험담을 하는 친구에게
"험담하는 건 나빠!"
"다른 친구들한테 내 험담하지 마."

내 비밀을 다른 사람에게 말한 친구에게
"비밀은 지켜줘."
"다시는 다른 사람한테
그 얘기 하지 마."

포용이

나를 좋아한다고 고백하는 친구에게
"나를 특별하게 생각해줘서 고마워."
"떨렸을 텐데 용기를 낸 거 멋져."

혼자 있어서 외로워 보이는 친구에게
"심심하지 않아? 괜찮아?"
"조용히 혼자 있고 싶으면 얘기해~"

도움을 주고 싶은 친구에게
"괜찮으면, 내가 좀 도와줄까?"
"혼자 할 수 있으면 말해."

칭찬해주고 싶은 친구에게
"정말 멋지고 대단해."
"내 친구라는 게 자랑스럽다~"

몸을 부딪쳐 아파하는 친구에게
"괜찮아? 많이 아파?
욱신대는 것 같은데."

회장 선거에서 떨어진 친구에게
"많이 아쉽겠다. 속상하지."
"또 기회가 있으니까 다시 도전해봐."

외모 콤플렉스로 고민하는 친구에게
"나도 콤플렉스 있어."
"난 네가 부러워."

감정을 못 이겨 씩씩대는 친구에게
"마음을 가라앉히고
차분히 한번 해볼래?"
"내가 도와줄게."

실수해서 속상해하는 친구에게
"속상하지… 진짜 속상하겠다."
"실수할 수도 있지.
다음에는 잘할 거야!"

나와 다른 취향을 가진 친구에게
"너는 그렇구나.
그런 걸 좋아하는구나."
"우리 취향은 다르네."

침착이

하고 싶은 놀이가 각자 다른 친구들에게
(현재 상황에 대해 객관적인 사실 말하기)

"쉬는 시간 10분밖에 안 남았어.
보드게임은 어제 했고,
나머지 중에 정하는 게 어때?"

서로 다른 의견을 상의하는 친구들에게
(다양한 의견을 정리해서 말하기)

"우리, 한 가지씩 생각해보고 결정하자."
"의견을 정리해볼게."

몸이 아픈 친구에게
(친구를 대신해 증상을 구체적으로 말하기)

"선생님, 민영이가 3교시부터
속이 메스껍대요. 아침부터
아무것도 못 먹고요."

내 경험과 의견을 궁금해하는 친구에게
(재미를 기준으로)

"재미있던 것과 재미없던 것을
말해줄게."

방학에 한 일을 묻는 친구에게
(넘버링해서 말하기)

"기억에 남는 일이 세 가지 있어.
첫 번째는~, 두 번째는~, 세 번째는~"

나 대신 물건을 사다주는 친구에게
(물건에 대해 정확하고 구체적으로 말해주기)

"양면 색종이 20색 100매짜리 1개.
없으면 단면 색종이 10색 100매짜리
사다줘도 돼."

어떻게 가는지 길을 묻는 친구에게
(랜드마크, 시간, 거리를 정확하게 말하기)

"횡단보도 건넌 다음에 5분만 걸어와."
"횃불 모양의 동상을 끼고
왼쪽으로 돌면 10m 거리에 있어."

나를 의심하는 친구에게
(입증할 수 있는 근거와 이유를 들어 말하기)

"나는 2교시 이후로 필통 안 꺼냈어."
"내 펜 뚜껑들은 끝이 뭉뚝해. 내 동생이
나 몰래 가지고 놀다가 깨물어서 그래."

솔직이

외모나 옷차림을 놀리는 친구에게
"그렇게 말하는 거, 나는 듣기 불편해."
"내가 보기에는 괜찮거든."
"내 마음에만 들면 돼."

나를 약 올리는 친구에게
"이거 보고 뭐라고 하는 거,
나는 듣기 싫거든."
"너하고는 상관없잖아."

은근슬쩍 사달라고 조르는 친구에게
"내가 부담스럽고 곤란해."
"우리 각자 사 먹는 게 좋겠어."

싫은 부탁을 하는 친구에게
"내가 대신 하고 싶지 않아."
"내 마음이 불편하거든."

하기 싫은 것을 강요하는 친구에게
"강요하는 건 싫어."
"이거 대신 다른 거 하고 싶어."

자기 생각만 고집하는 친구에게
"모둠 친구들의 의견을
다 듣고 결정하고 싶어."

내 물건을 자꾸 빌려 가는 친구에게
"자꾸 이러니까 내가 당황스러워."
"내가 아끼는 건데 혹시라도
잃어버릴까 봐 불안해."

갑자기 약속을 취소하는 친구에게
"지금 당황스러워. 좀 속상하네."
"다음에는 미리 말해주면 좋겠어."

**사과 받았지만
아직 화해하기 싫은 친구에게**
"내가 아직은 말하기가 싫어."
"마음이 풀리면 다시 말 걸게."

대화에 끼고 싶은 친구들에게
"얘기 들어도 돼?"
"나도 같이 대화하고 싶어."

끄덕이

사과를 받아주지 않는 친구에게

"미안해. 내가 사과할게."
"다음부터는 안 그럴게."
"마음이 풀릴 때까지 내가 기다릴게."

멀어지는 느낌이 드는 친구에게

"나한테 서운한 거 있어?"
"혹시 내가 무슨 실수했니?"
"속으로 서운한 게 있으면 얘기해줘."

기분이 안 좋아 보이는 친구에게

"오늘따라 말이 없네.
기분이 안 좋은 것 같아…."

같이 찍은 사진을 올리지 말라는 친구에게

"아… 그래? 알았어.
네가 맘에 안 들면 안 올릴게."

내 부탁을 거절하는 친구에게

"아, 그렇구나. 그래, 알겠어."

내 실수에 기분 나빠하는 친구에게

"미안해. 다음에는 조심할게."

말할 때 끼어든다고 정색하는 친구에게

"아, 그렇구나. 미안.
네 얘기 다 듣고 말할게."

내 협조를 구하는 친구에게

"알았어. 내가 하지 뭐."
"그렇게 할게."

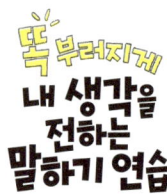

초판 1쇄 발행 2024년 3월 4일
초판 20쇄 발행 2025년 11월 20일

지은이 임정민
그린이 히쩌미

대표 장선희 **총괄** 이영철
책임편집 강교리 **기획위원** 김혜선 **기획편집** 조연곤, 최지수
디자인 이승은, 장혜미 **외주디자인** 김효숙
마케팅 박현우, 양아람, 서세원, 이은진
경영관리 전선애

펴낸곳 서사원주니어 **출판등록** 제2023-000199호
주소 서울시 마포구 성암로 330 DMC첨단산업센터 713호
전화 02-898-8778 **팩스** 02-6008-1673 **이메일** cr@seosawon.com
홈페이지 인스타그램

ⓒ 임정민, 2024

ISBN 979-11-6822-266-3 73190

- 이 책은 저작권법에 따라 보호를 받는 저작물이므로 무단 전재와 무단 복제를 금지합니다.
- 이 책 내용의 전부 또는 일부를 이용하려면 반드시 저작권자와 서사원 주식회사의 서면 동의를 받아야 합니다.
- 잘못된 책은 구입하신 서점에서 바꿔드립니다.   • 책값은 뒤표지에 있습니다.

 서사원은 독자 여러분의 책에 관한 아이디어와 원고 투고를 설레는 마음으로 기다리고 있습니다.
책으로 엮기를 원하는 아이디어가 있는 분은 서사원 홈페이지의 '출간 문의'로 원고와 출간 기획서를 보내주세요.
고민을 멈추고 실행해보세요. 꿈이 이루어집니다.